マイナビ新書

教養として学んでおきたい
太平洋戦争

JN114832

ドントテルミー荒井

マイナビ新書

はじめに

太平洋戦争。日本がアメリカとした戦争のことです。

この「日本とアメリカが戦争をした」ということすら知らない人が増えてきています。

1945年8月の終戦から今年で77年経ち、戦争を全く経験していない大人が親となり、その子供は戦争と言われても、せいぜい教科書の中の出来事といったイメージしか持っていません。

実は、著者である私もそういった戦争を知らない一人でした。祖父母から戦争の話を聞いたことはなかったですし、両親は戦後の生まれです。

この文章を書いている私は現在20代の後半に差し掛かるところですが、私こそ、平和しか知らない、戦争が実際に起こったということを誰の口からも聞いていない世代なのです。

もちろん学校で日本史の授業は受けていたのですが、正直ほとんど記憶がありません。縄文時代の授業の記憶だけあるので、弥生時代からは全部寝ていたか、授業を聞かずに別のことをしていたんだと思います。

そんな私はひょんなことから、ユーチューバー（YouTuber）として世の中の出来事をわかりやすく解説することが仕事となりました。戦争や歴史などを解説するユーチューバーになったのですが、大学の専攻も理系だったので、元々戦争や歴史に詳しかったわけではなく、ほぼ知識ゼロから完全に独学で調べて、調べたことを動画で発信することが仕事になりました。

仕事になった手前、半ば嫌々歴史を学んでいたのですが、自分でゼロから学んでみると驚嘆しました。

なんと興味深く面白いことか！なぜ学校の授業はあんなにつまらなかったのか、なぜこんなに面白いものを学校の先生たちはあんなにもつまらなく教えることができたのか！

この素晴らしく面白い、人類の歩んできた歴史を少しでも多くの人に届けたい！そういう気持ちで現在動画作成を行っております。

戦争！というと難しく考えてしまうかもしれませんが、戦争を起こした原因を辿れば、必ず「人間」に行き着きます。であれば、同じ「人間」である私たちは絶対に理解できます。

子供同士の喧嘩をイメージしてください。

この子が友達のおもちゃを隠した。おもちゃを隠された友達はこの子のことを叩いてしまった。

誰のどの行動が悪いの？

まず最初の子がおもちゃを隠したこと。そしてその友達がおもちゃを隠されたことに腹を立てて叩いたこと。この二つの行動に問題がある。誰でもわかることです。

こういったように子供同士の喧嘩であれば、喧嘩の原因や問題点について、誰でも簡単に理解できるはずです。

そしてそこには、なんとなく友達に意地悪したくなることってあるよね、とか、意地悪されたらやり返したくなっちゃう時あるよね、とか、気持ちに対する理解があるはずです。

こういった感じで、戦争に関わる全ての国や国の上層部、軍人の気持ちなどを理解してほしいのです。

戦争中の出来事は全て、誰かの思惑や誰かの感情で決定されています。その感情を紐解けば、必ず「確かにそういうふうに思う時あるよね」と理解することができます。戦争を開始し終わらせたのは全て、私たちと同じ人間だからです。

戦争を学んで平和学習をするんだ！なんてふうにどうか意気込むことなく、肩の力を抜いて、この人は何を考えていたんだろう？この人はどういう気持ちでこんなことやったんだろう？と人間を追っていくようにして戦争というものを捉えてほしいです。そして、戦争というものは、私たち人間の当たり前の感情の積み重ねの先にあるということに気づいていただきたいです。私は、そこに戦争を理解することの大意があると思っています。

本書を通して、太平洋戦争というものを少しでも身近に感じていただくこと。同じ人間が起こしたことだと実感していただくこと。これが未来の戦争を防ぐ第一歩だと私は思っております。

とにかくなんでも暗記させる！というような学校の授業ではピンとこなかった私だからこそ、わかりやすく戦争を解説することができます。

最初に断っておきたいのですが、言ってみればこの本はあくまで初心者向けの入門書です。

太平洋戦争については、すぐ後に詳しく解説しますが、「太平洋戦争」という名称一つとっても解釈について議論が巻き起こっています。そんな調子で、太平洋戦争中の事実一つとっても色々な解釈がなされ、今なお議論が絶えないのです。

本当にこの事実は起こったのか、という「事実の有無」の議論から、誰がなぜその事実を起こしたのか、という「事実の意味」の議論まで活発に起こっており、現在でも新たな説が次々と提唱されています。

そういった細かい議論全てを取り上げようとすると、キリがなくなってしまいます。全てを押さえて全てを知ろうとすればするほど、全体像がぼやけて、よくわからなくなってしまいます。なので本書は、あくまで初心者向けに、定説を中心に私自身の見解も交えつつ解説したものであることを念頭に置いて読み進めていただきたいです。

そのため本書では、ソ連や中国といった国の当時の名称についても、基本的に略称を用いています。細かい呼び名を気にする前に、まずは戦争の全体像を捉えてほしいと思ったので、かなり大胆に簡略化してあります。

そもそも「太平洋戦争」というのは、世界中の国々が真っ二つに分かれて戦争をした「第二次世界大戦」の一幕です。なので、日本とアメリカ以外の世界中の国々の動きも見ていく必要があるのですが、そこも大胆に削って、可能な限り日本とアメリカの関係性に焦点を当てて、それに伴う必要最小限の国々の動きを追うこととしました。本書はあくまで、日本とアメリカが戦った「太平洋戦争」のみの解説であるということを重ねて申し上げておきます。

なので、細かい学説や、何がどういう順序で起こったのかといった、事実をひたすら追っていく学校の学習的なことは本書では触れていません。とにかく本書を通して押さえてほしいのは、なぜ戦争が起こったのか、どのように戦争は展開していったのか、そしていかに戦争は悲惨なものだったのか、という大きな視点です。

なぜ戦争が起こったのか理解し、戦争がどのように展開していくのかがわかれば、どうすれば戦争を防ぐことができるのかがわかります。そしていかに戦争が悲惨だったのかを知れば、二度と戦争を起こさない、という強い意志を持つことができます。これこそが当たり前になった平和を守っていくために大切なことだと私は考えます。

私は日本が大好きです。平和な日本に1日でも長く住み続けたいと思っています。そのために、過去の私のような、歴史がわからない、太平洋戦争と言われても全くピンとこない、という人に向けて本書を書きました。私のこの本が、日本の平和を守るための一ピースになれば幸いです。

教養として学んでおきたい太平洋戦争

目次

第三章　戦争の転換点と続く敗戦

第四章　日本国民の命を脅かす戦争へ

第五章　終戦への道

第一章
太平洋戦争開戦まで

太平洋戦争という呼び名

戦争の詳細に入る前に、考えてほしいことがあります。

日本が戦争をしたことは良いことでしょうか、それとも悪いことでしょうか？誇るべきことでしょうか、それとも恥ずべきことでしょうか？

その答えは立場によって変わるのです。

戦争開始当時の日本は、この戦争のことを「誇りある戦争」と位置付けていました。

この戦争は「朝鮮半島の周りから、タイやマレーシア、フィリピンやインドネシアのあたりまで含めた東アジア一帯を、全て日本のものとしよう！」という、とんでもない野心のもと始められたのです。日本が手にしようと考えていた東アジア一帯は「大東亜」と呼ばれていました。

「大東亜をかけて行う戦争」ということで、当時の日本はこの戦争のことを「大東亜戦争」と呼んでいました。今でも戦争体験者の方々は、「太平洋戦争」ではなく、「大東亜戦争」と呼ぶことが多いです。

東アジア一帯を全部ブン取ってやろう！というのは中々に野心的ですが、もしこれだけ広大な土地が日本のものとなれば、たくさん資源を入手できて、国民の生活が豊かになることは確実です。

なので、この時の日本にとって戦争とは、領土が広がり、国民の生活が豊かになるための行いであり、当然「良いこと」なのです。

では、日本の相手、アメリカとしてはどうでしょう。

最終的に太平洋戦争はアメリカの勝利で幕を閉じます。

戦争でアメリカが勝利した！となると、日本という国はアメリカのものとなります。実は日本という国は一度、アメリカのものとなっているのです。

この時アメリカは「日本が『他の国の土地をブン取ってやろう！』と過剰に野心的になってしまったから悲惨な戦争が起こってしまった、だから日本は反省すべきだ」というスタンスでした。

そこで注目されたのは、「大東亜戦争」という名称です。大東亜戦争という言葉そのものが、日本の野心を表している！日本が大東亜を統一しようとした。つまり、日本が戦争をして領土を広げようとした！というニュアンスが言葉から出てしまっている！日本に反省を促すために、こんな言葉は今後一切使わないようにした方が良い！ということで、日本が掲げた「大東亜戦争」という言葉は、アメリカ占領時代には使用が禁止されていたのです。

アメリカの言い分もわかりますが、今まで普通に使っていた名称が使えなくなったとなると、何かしら別の名称をつけないと、新聞やラジオなどで戦争の話題になった時に困ってしまいます。

その後朝日新聞社が、一番初めに「太平洋戦争」という言葉を新聞の社説で使用します。これがきっかけで、日本で広く「太平洋戦争」という名称が広まっていったのです。

元々「大東亜戦争」と日本では呼ばれていた。だけど、日本の野心に対する反省を促すためにアメリカによって大東亜戦争という呼び名は禁止された。そして「太平洋戦争」と改めて名付けられた。というのは押さえておきたいところです。

アメリカに乗っ取られている状態が終わり、完全に日本が国家の主権を取り戻した今でも、戦争の名称は揺れ動いています。例えば国会では、ある議員は「大東亜戦争」と言ったり、ある議員は「太平洋戦争」と言ったり、他にも「先の大戦」と言ってみたり、いろんな言い方が混在して使われています。

それは「大東亜戦争」と言うだけで、日本の侵略戦争に賛同している！とか、「太平洋戦争」と言うだけで、アメリカの考えに賛同している！お前はアメリカの手先か！みたいになってしまうからです。

戦争の呼び方一つとっても、国の思惑が出てしまうというのは面白いところです。

本書では「太平洋戦争」で統一します。

これはただ単に、今現在学校では「太平洋戦争」と習いますし、それもあって「太平洋戦争」というのが現在日本で一番一般的に使用されている呼び名だからです。

これから戦争の内容を見ていくとわかりますが、正直日本にもアメリカにも、良かったところ、これはどうなの？というところ、両方あります。なので私としては、名称にこだわることにはあまり意味がないと思っています。それよりも、戦争中に何が起こったのか、それはなぜ起こったのか、というところをしっかり捉えて、そういった事実に対してあなた自身がどう思うのか、というのが重要だと思っています。

なぜ太平洋戦争が起こったのか

「太平洋戦争」という言葉に込められた意味を押さえたところで、いよいよ、なぜ太平洋戦争が起こったのかをみていきます。

なぜ太平洋戦争が起こってしまったのかを理解するためには、日本やアメリカはもちろん、その他の国も含めて、当時の世界がどういう状況だったのかを見ていく必要があります。

太平洋戦争が始まる12年ほど前、1929年に世界恐慌が起きます。

世界恐慌というのは、アメリカ企業の株価が大暴落したことにより、アメリカ国内の経済状況が極端に悪化し、アメリカに経済的に依存していた国々も二次的に恐慌に陥って、世界中で大不況となったことを指します。

世界中が大不況になったということは、つまり、世界中でものが売れなくなったということです。

日本も例外ではありません。当時日本はアメリカに大量の生糸を輸出していたのですが、ほとんど買ってもらえなくなりました。

今までたくさん買ってもらっていたものが買ってもらえなくなった……となる

と、何か新しい手を打たないと日本国内はどんどん貧しくなっていってしまう一方です。

主要な貿易先を失って途方に暮れていた日本は、これからは貿易に頼らずに、自力で生きていく力をつけよう！と考えて、領土拡大政策をとるようになります。

その矛先として目を向けられたのは、中国です。

中国には広大な領土と豊富な資源があったので、占領するには非常に魅力的な国でした。

それに、この時期の中国の国内状況はかなりめちゃくちゃでした。

中国大陸を一つにまとめていた清という国が弱体化して、もともと香港を植民地としていたイギリスを筆頭に、北からはロシア、南からはフランス、ドイツと、いろんな国が次々と清の広大な領土に手を出してきていたのです。それに、中国国内からも勢力が乱立するようになり、中国大陸はかなりの混乱状態になっていたのです。

こうした中で、日本はいろんな国と揉めながら、中国東北部の満州という地域を獲得します。

獲得したと言っても、日本領満州です！と完全に日本の一部にしたわけではなく、満州国という一つの国として独立させました。ですが、満州国とは言っても事実上日本の領土の一部と言ってもいいような状態でした。皇帝こそ愛新覚羅溥儀という中国出身の皇帝を即位させましたが、満洲国内の政治は、現地で官僚となった日本人が行っていました。重要資源の採れる場所は国有化という形で政府が管理し、満州で採れた資源はほとんど日本に輸出されていたのでした。

こんなに回りくどいやり方をしたのには理由がありました。国際社会から非難されるのを避けたのです。

というのも、満洲国が成立したのは1932年で、1918年に第一次世界大戦が終わったばかりでした。

第一次世界大戦は、ドイツが自国の領土を拡大するために、周りの国々に侵攻したことにより始まりました。

第一次世界大戦によって少なくとも1000万人以上の死者がでたので、世界全体として「もう戦争はやめよう」「戦争につながるから、他の国の領土を取るのは良くない」という風潮だったのです。

世界恐慌で自国が貧しすぎるので、背に腹は代えられない……ということで中国進出を目論んだ日本でしたが、そういった領土拡大自粛ムードの風潮はしっかりと汲み取っていたのです。そのため満州についても、「日本の一部です！」と堂々と宣言するのではなく、実際は日本の息がかかっていて、ほぼ日本みたいな地域なのに、形式上「中国からの独立国です！」という形をとったのです。

ですが、そんなめちゃくちゃな国は認めない！ということで中国と揉めてしまいます。満州を警備するために日本から派遣されていた日本軍と、現地の中国軍との間で小規模な軍事衝突が頻発するようになってしまうのです。こうした小競り合いが続いて、次第に中国と日本は戦争へと突入していくのです。こうして始まってしまった戦争を日本vs中国の戦争ということで「日中戦争」といいます。

この日中戦争は、かなりの泥沼戦になりました。一度日本は当時の中国の首都南京を攻め落とすのですが、首都を失っても新しい首都を誕生させる！といった具合で中国がかなり粘り強く戦いをしてきたので、日本が想像した以上に戦闘が長引いてしまいます。

中国側が必死に粘ってきたのは、欧米諸国の雰囲気をしっかりと感じ取っていたためです。

満州国を無理やり建国して、それがきっかけで中国と戦争になった、という日本に対しての国際社会の風当たりが強いことは中国としてもわかっていて、頑張って戦争を続けていれば、戦争反対のムードを重んじる欧米諸国から援助してもらえるだろう！と思っていたのです。

欧米諸国も欧米諸国で、清の時代から中国の領土をさんざん搾取していたのですが、日本がガッツリと戦争をしてまで満州を独占しようとしたのは、やりすぎだよね……一回痛い目見せておいた方がいいかもね……という雰囲気だったのです。

そういった欧米諸国の思いは、中国の思惑通り、日本への経済制裁と中国への支援という形で現れました。

アメリカは、日本に鉄や石油を輸出しない！と宣言しました。ソ連（現ロシア）は中国に武器を売り、イギリスも物資を中国に送りました。

日本は、中国にだったら勝てるだろう！という感じで戦争を始めたわけですが、中国を相手に戦っていると思っていたら、そのバックにアメリカ、ソ連、イギリスといった名だたる大国がついてしまったのです。

日本は、中国を降伏させるためにはまずこうした支援を断ち切らなければならないと考え、欧米諸国と交渉を始めましたが、うまくいきませんでした。

特にアメリカは、

・日本が満州国を中国に返還すること
・中国全土から日本の軍隊を撤退させること
・日本が独占的に中国と貿易をするのをやめて、全世界の国が中国と平等に貿易できるようにすること

これらを日本が認めない限り、日本への経済制裁を続けると宣言したのです。いくらアメリカに言われたとしても、日本にしてみれば、今更満州から手を引くことなどできません。この時点で多くの日本人が満州に移り住んでいましたし、なにより今まで満州国に投資してきたことや、中国と戦闘を繰り返してきたことが、全て無駄になってしまいます。

アメリカの言うことを聞いて今までさんざんお金と労力をかけて投資してきた満州国を手放すか、それとも欧米諸国と全面戦争して、中国を自分のものとするか、二つに一つしかなくなってしまったのです。

こうして日本は、最終的に欧米諸国と全面戦争することを決めるのです。もう後戻りはできないと考えたのですね。こうして、中国のバックについたアメリカとの「太平洋戦争」が始まってしまうのです。

第二章　序盤は日本軍の優勢

戦争開始と山本五十六

さあアメリカと戦争だ！と決まったわけですが、現実的な問題として、日本とアメリカの間には、広い広い太平洋が存在しています。そうなると、まず重要になってくるのは海軍同士による海戦です。いくらアメリカの陸軍が強力でも、陸軍を輸送する船を守る海軍が機能しなければ、日本を攻め落とすことはできません。

それを踏まえて当初考え出された日本側の作戦は「徐々に弱らせて日本近海で決着する！」というものでした。

アメリカの艦隊が、アメリカ本国やハワイという非常に遠いところからやってくるので、それに対して日本側は、アメリカと日本の間の海を戦場として、主力艦以外の軍艦でチクチクと攻撃し続けます。

そうすれば、日本近海に来た頃には、アメリカ艦隊にはダメージが蓄積していて、疲労困憊《こんぱい》になっているはずです。そこを主力艦と呼ばれる戦艦を中心とした高火力の軍艦で総攻撃して相手を全滅させる、という作戦だったのです。

いい感じの作戦じゃん！という気がしますが、実はこの作戦は、太平洋戦争が始まる36年前、1905年の日露戦争中の「日本海海戦」で実行された作戦ほぼそのままでした。日本はこのやり方で日露戦争で大勝利を収めています。前にこの作戦で勝てたんだし、また同じ作戦で勝てるよね！と思ったわけです。

日本軍としては、大方この作戦に同意していました。ですが、こんな古い戦い方をいつまで続けるのか！と言って、この作戦に異を唱えた人物もいました。山本五十六《いそろく》という軍人です。

山本が大方の軍人と全く違う意見を持っていたのは、若い時にアメリカ留学を経験していたためです。山本の所属している日本海軍には、若い幹部候補生を海外に留学させる制度がありました。その制度を使って、山本は戦争が始まる前にアメリカ留学をしていたのです。

山本五十六

写真提供：共同通信社

留学先で山本が目にしたのは、日本の遥《はる》か先を行く「先進国アメリカ」の姿でした。高層ビルが立ち並び、たくさんの車が往来していました。当時の日本では考えられないような未来都市に山本は圧倒されます。

そんなアメリカを肌で感じていた山本は、こんな国とまともに戦争し合っても絶対に勝つことはできない、ましてや36年前の作戦で勝とうとしているなんて正気じゃない……という思いを持っていたのです。

では山本が提案した作戦はというと「超短期決戦」でした。

開戦早々に強烈な一撃を与えて、その後すぐに、日本に有利な条件で戦争停止の約束を取り付けるというものです。アメリカ相手に正攻法では絶対に勝てないことを認め、最初の一撃に全てをかけて大ダメージを与え、日本とこれ以上戦争をしてはいけない、とアメリカに思わせることが狙いでした。

そこで山本が攻撃のターゲットとしたのは、ハワイの真珠湾基地でした。真珠湾基地には、アメリカ海軍が船の修理を行ったりする設備、航空機を飛ばすための飛行場、燃料補給のための石油などがそろっていました。真珠湾基地を戦争開始直後に徹底的に撃破すれば、アメリカはハワイを拠点として使うことができなくなります。するとアメリカ海軍の拠点は、アメリカ本土になってしまいます。日本の近くに拠点がなければ、戦局は一気に日本の圧倒的有利になるわけです。

さらに山本は、ハワイに大打撃を与えることによって、アメリカ国内が反戦ムードになるだろう！とも想定していました。

これまでもアメリカは戦争を経験していましたが、アメリカ人にとって戦争というのは、太平洋の向こうの中国大陸や大西洋の向こうのヨーロッパで起こっているものでした。

しかしハワイというのは、本土から大きく離れているとはいえ、アメリカ合衆国の一部です。つまり、ハワイを攻撃されるということは、言うなれば、「アメリカ本国で戦争が起こった」ということになります。自国の領土内で激しい戦闘が起こることで、「戦争は自分たちの生活を直接脅かすものなんだ」という意識がアメリカ国民に芽生えて、アメリカ国内が反戦ムードになると山本は睨んだのです。

開戦直後にハワイを徹底的に攻撃することで、圧倒的に日本有利の状態を太平洋で作り出す。加えてアメリカ国民の反戦感情を高めて、戦争どころではないという状態をアメリカ国内でも作り出す。こうすれば、日本有利な条件での戦争停止の約束を取り付けられる。というのが山本の考える唯一の勝ち筋だったのです。

ですが、山本のこの提案は簡単には受け入れられませんでした。先述の通り、山本以外の大半は、日露戦争の時にうまくいった作戦をもう一度！という意見でした。山本の「真珠湾攻撃」は全く新しい戦術だったので、「博打だ」「投機的だ」という非難を受け、軍部からの反対意見が途絶えなかったのです。

しかし山本は、アメリカに勝つ方法は真珠湾攻撃しかない！と思っているので、決して引き下がりません。というのも、山本は真珠湾攻撃の計画を立てるに当たって、徹底して専門家の意見を取り入れていました。シビアに専門家の意見を聞いての判断だったので絶対の自信を持っていたのです。

結局軍部は山本の熱量に根負けし、山本を中心に完成したハワイの真珠湾攻撃作戦が実行に移されることになったのです。

真珠湾攻撃

日本の最初の攻撃は、アメリカ政府への宣戦布告が行われたほぼ同時かややフライング気味に行われました。1941年12月8日の未明、艦隊を真珠湾の近くまでこっそり集結させて、宣戦布告と同時かその前に攻撃したのです。アメリカ側に日本の攻撃に対して準備する時間を与えたくなかったのですね。

この日本のやり方が許されるのかどうかというのは、太平洋戦争終了後まで物議を醸すことになるのですが、とにかく効果は絶大でした。アメリカ海軍の主力となる戦艦8隻のうち半数の4隻を沈没させ、残りの4隻にも大ダメージを与えました。

その後日本の攻撃部隊は、アメリカからの反撃をほとんど受けることなく、日本本土へと帰ってきました。日本軍は戦争開始と同時に大戦果を挙げて、無傷で帰国したわけです。

ですが、これで晴れて真珠湾攻撃大成功！ではありません。

真珠湾攻撃の本来の目的は、アメリカがこれ以上戦争を続ける気がなくなるくらい大きな一撃を与えることです。中途半端に勝って、無傷のまま喜んで帰ってきてはいけないのです。

日本の攻撃によって、たしかにアメリカの保有する艦隊は大きなダメージを受けました。ですが、真珠湾基地を徹底的に破壊したとは到底言えないような状況だったのです。船を修理するドックや、船や航空機の燃料をため込んだタンクなどは、無傷のまま残されていました。つまり、真珠湾基地は今後もアメリカの軍事拠点として十分に機能する状態だったのです。

このような中途半端な結果になってしまったのは、山本の考えが十分に軍全体に伝わっていなかったためです。

山本は、軍の上層部を説得して「真珠湾攻撃」自体は認めさせることができました。ですが、山本の考えが現場の軍人までしっかり浸透していなかったのです。軍の中には、日露戦争の時の認識が抜けきっておらず、この「真珠湾攻撃」は、敵の艦隊を削るのが目的で、あくまで本命は日本近海までたどり着いたアメリカ艦隊をやっつけることだ！と思っている人も少なくなかったのです。

山本の作戦に準拠するのであれば、攻撃を終えて戻ってきた部隊にもう一度攻撃を仕掛けさせるべきでした。ですが、山本の考えを十分に理解していなかった艦隊の指揮官が、アメリカ側に発見されて反撃を受けることを恐れて、撤退を指示してしまったのです。こうして日本の艦隊は本来の目的を達成しないまま、無傷で意気揚々と帰ってきてしまったのですね。

また、当初の目的だった、アメリカ国民の戦意の喪失にも失敗していました。

当時のアメリカ大統領ルーズベルトが、山本よりも何枚も上手だったのです。

山本が「アメリカ国民に反戦感情を持たせる」と考えて計画した真珠湾攻撃ですが、ルーズベルトはこれを逆手に取ります。

「攻撃を仕掛けてきた日本人を許すな！」と、アメリカ国内に向けて大々的に呼びかけたのです。大統領直々に国民に呼びかけたことにより、アメリカ国内は、反戦を叫ぶどころか「リメンバーパールハーバー（真珠湾を忘れるな）」を合言葉に、より一層戦争への協力意識が高まったのです。真珠湾攻撃によって、逆にアメリカ国民を一致団結させてしまったわけです。

真珠湾攻撃だけを見れば、強敵アメリカに大ダメージを与えられた大勝です。ですが、本来の目的を何一つ達成することのできなかった、大失敗だったともいえるのです。

マレー半島進出

1941年12月に真珠湾攻撃が実行され、日本vsアメリカの太平洋戦争が始まったわけですが、第一章で解説した通り日本は、太平洋戦争の前に日中戦争をしていました。そんな日本はとにかく物資不足でした。

戦争にはたくさんの物資が必要です。兵士が身につける軍服や軍靴、戦車や航空機を動かすための石油、銃や大砲、その中に込める弾や火薬など、とにかくたくさんの物資が一度に必要になります。ですが日本では、石油、金属、ゴムといった資源があまり採れません。そういった資源は海外から輸入していました。

中国と戦争をしているので大量の物資が必要となっているのに、第一章で解説した通り、アメリカが日本への物資の輸出をストップしてしまったのでした。

そこで困った日本が目をつけたのが、東南アジアでした。東南アジアには、ゴムや石油など、戦争継続に必要な資源が豊富にあることが知られていました。

物資がないから東南アジアに目を向けた！と日本側の思惑は単純ですが、目を付けられた東南アジア側の事情は複雑です。

この頃の東南アジアはというと、フィリピンはアメリカが、マレー半島はイギリスが、他にもフランスやオランダなどのヨーロッパの国々がこぞって植民地として支配している状態でした。そんな状態の東南アジアに攻め入って物資を獲得してくるということは、言うなれば、ヨーロッパの強国たちに喧嘩を売るということになります。

ですがそれでも日本は、東南アジアに攻め入ることを決定したのです。様々な国の植民地であるというリスクはあるけれど、それ以上に東南アジアは日本にとって魅力的な土地だったというわけです。

そんな東南アジアの中でも特に重要視されたのは、タイやマレーシアのあるマレー半島です。というのも、マレー半島の位置が日本にとって絶妙だったのです。

マレー半島は日本からちょうどよく離れた絶好の補給地なのです。マレー半島

マレー半島周辺の地図

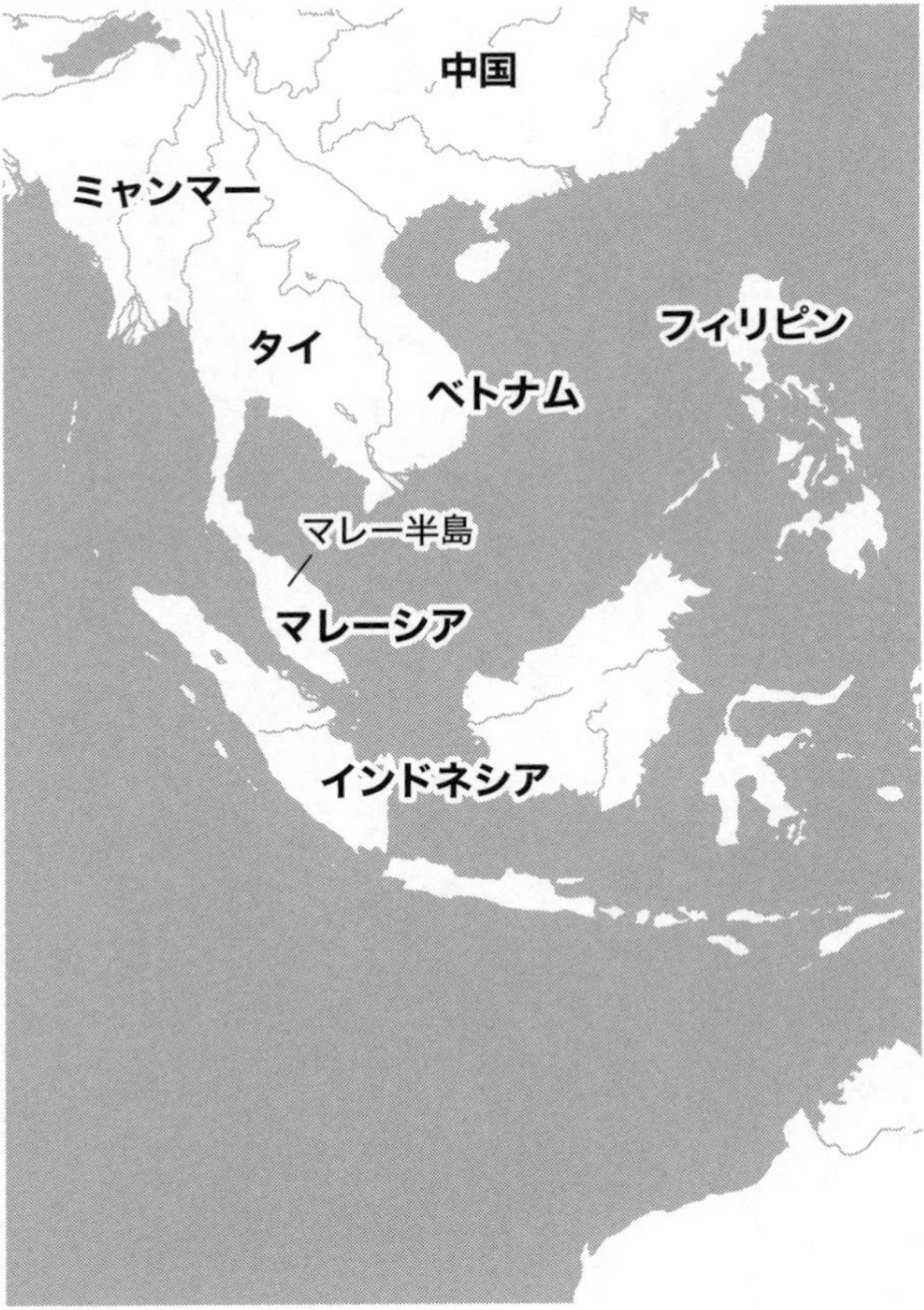
中国
ミャンマー
タイ
ベトナム
フィリピン
マレー半島
マレーシア
インドネシア

に日本の軍港や飛行場を造ることができれば、ここを拠点にその先のインドやネパールのあたりへの進軍を非常にスムーズに行えるようになります。マレー半島の獲得は、日本の東南アジア一帯への進軍の明暗を分けると言っても過言ではない、かなり重要な一手だったのです。

真珠湾攻撃で大戦果を挙げて勢いに乗っていた日本軍は、マレー半島への進軍も破竹の勢いで進めていきました。マレー半島を植民地として支配していたのはイギリスなので、現地のイギリス軍と90回以上もの小さな戦闘を行いながら、直線距離で５００km以上あるマレー半島のジャングルをわずか２ヶ月足らずで踏破したのです。

日本軍がここまでスピーディーに進軍できたのは、東南アジアを進軍する時ならではの、驚きの秘策をとったためでした。

「銀輪部隊」です。「銀輪部隊」というのは、自動車ではなく自転車を使って移動する部隊です。基本的には戦場の部隊は、荷物をたくさん積める大型トラック

銀輪部隊

自転車で進撃する日本軍「銀輪部隊」＝1941年12月〜1942年2月頃
写真提供：共同通信社

のような自動車で移動します。

　ですが、先述の通り日本はかなりの物資不足でした。国内で鉄やゴムなどが不足していたので、日本軍は満足に自動車を配備することができなかったのです。そこで、より手軽に作れる自転車を活用したのです。

　というのも、戦争が始まる前から、東南アジアには日本製の自転車がたくさん輸入されていました。道路がちゃんと整備されていない東南アジアでは、日本製の壊れにくくて頑丈な自転車が大人気だったのです。

　陸軍はこれに目をつけたのです。マレー半島に住んでいる民間人から自転車を「徴発」して、部隊に配備したのです。

　この「徴発した」というのは物議を醸すところです。徴発というのは、「強制的に取り立てること」という意味の言葉です。軍の戦争報告書に「自転車に関しては徴発した」と書いてあるのですが、この言葉をすんなりと、「強制的に現地民から自転車を奪った」とすると語弊があるかもしれないのです。

というのも、日本が東南アジアに進出してきたのは、様々な国の植民地となっている東南アジアをそういった様々な国の支配から解放し、日本の息のかかった土地にするという目的のためです。

すると日本は、マレー半島に住んでいる人たちから、イギリスの支配から解放してくれる救世主のように思われることもあったわけです。

なので、当時のマレー半島は敵地であることは間違いないですが、マレーの現地民からは日本軍は歓迎された、という話もあるのです。そのため自転車に関しても、「日本軍さん使ってください！」と喜んでマレーの現地民が差し出してきたのでは？という見方もされているのです。

軍の報告書には、「徴発した」としか書いていないので、穏便に受け渡しがなされたのかは謎のままです。この辺の東南アジアの人々と日本軍との関係は「日本は救世主か侵略者か」のところでもう少し詳しく後述します。

とにかく陸軍は自転車を利用して進軍しました。頼りない感じもしますが、自転車は東南アジアでの進軍にピッタリだったのです。自転車では自動車ほど大量の物資を運ぶことはできませんが、狭い道でも自由に移動することができます。未整備のマレー半島には、沼地や橋のかかっていない川もたくさんありました。そのような場所でも自転車であれば、一旦担いで歩いて越えて、また陸に戻ったら乗ってというように移動することができました。これによって飛躍的な進軍スピードとなったのです。

さらに、日本製の自転車はジャングルの劣悪な環境でも壊れにくく、仮に壊れたとしても、東南アジアの現地民が日本製の自転車を使っているわけですから、修理や部品の調達も簡単なわけです。こういった銀輪部隊の活躍もあり、陸軍は高速で進軍したのです。

圧倒的な速度で軍を進められると、迎え撃つイギリス軍は、かなり手こずることになります。突破されたところから逆算して防衛網を張ろうとしても、未完成のまま次々と要所を突破されてしまうためです。こうして重要な拠点も瞬く間に制圧され、イギリス軍はあっという間に降伏に追い込まれました。

その後に日本軍とイギリス現地軍との間で停戦協定が結ばれ、マレー半島攻略作戦は日本軍の大勝利という形で終結しました。日本軍は思惑通りに東南アジアの要所であるマレー半島を攻略することができたのです。これで資源も確保でき、軍備の増強もできました。マレー半島への進出は大成功を収めたのでした。

日本は救世主か侵略者か

マレー半島が戦場になったということで、ここで一旦、日本と東南アジアの国々との関係性についてハッキリさせておきます。日本の立場を客観的に捉えることは、太平洋戦争について考える上で非常に重要です。

先に少し触れた通り、日本が東南アジアに進出してきたのは、様々な欧米の国の植民地となっている東南アジアを、そういった様々な国の支配から解放し、同時に日本の息のかかった土地にすることを目的としていました。

当時の東南アジア諸国は、欧米諸国の植民地であることに大きな不満を持っていました。植民地を持っている国々のことを「宗主国」といいます。植民地のままでは、宗主国の望むように作物を作らされたり資源を採掘させられたりして、そうやって得た資源を宗主国の都合で貿易することになります。自分たちの自由に作物を作ったり資源を活用したりすることは許されていないわけです。なので東南アジアの国々は、植民地としての支配から脱したい！という想いを強く持っていたのです。

そういった状況を踏まえると、日本軍の東南アジア進出というのは、東南アジアに住んでいる人たちからすると、「ただただ日本軍が俺らの土地を奪いにきた！」というものではないわけです。むしろ、自分たちにより近いアジア出身の日本人が、西洋の白人を追い出しに来た！日本は欧米諸国の植民地支配から解放してくれる救世主だ！といったように思われることもあったわけです。

なので現地の人々は、支配者たちを追い出してくれる日本軍を少なからず歓迎し、日本軍の東南アジア進軍に協力的だったのです。こういう事情もあって、先ほども言った通り、マレー半島での進軍に用いた自転車に関しても、「徴発した」と軍の記録にあっても、実際は「日本軍さん使ってください！」と喜んでマレーの現地民が差し出してきたのでは？という見方もされているのです。

大東亜共栄圏という幻想

また、日本は東南アジア一帯の支配について、「大東亜共栄圏」を完成させる、と宣言していました。「大東亜」というのは第一章でも説明したように、朝鮮半島の周りから、タイやマレーシア、フィリピンやインドネシアのあたりまで含めた東アジア一帯を指す言葉です。

それを踏まえて、改めてこの「大東亜共栄圏」という言葉について考えてみると、非常に巧みな日本の思惑が見えてきます。

「大東亜と共に栄える」と書いて「大東亜共栄圏」なわけです。つまり、私たちはあなたたちを宗主国の厳しい支配から解放して、あなたたちと一緒に栄えていくために来たんですよ！という思いが読み取れるわけです。

「大東亜共栄圏」というスローガンは日本軍の進軍意欲を飛躍的に高めました。人間悪いことをしようとする時よりも、正義のために働こう！と思っている時の方が力が出るものです。東南アジアを日本の支配下に置いて日本のためにめちゃめちゃに働かせてやるぞ！というよりも、東南アジアの国々を宗主国の支配から解放してあげるんだ！そして一緒に栄えていこうじゃないか！という大義名分を掲げている方が進軍にもやる気が出るのです。

このスローガンのおかげもあってか、日本軍は第二章で解説したマレー半島以外にも、フィリピンやインドネシアなど、東南アジア一帯を破竹の勢いで制圧していったのです。

こうして、日本が欧米諸国に代わって東南アジアの新しい支配者となった！大東亜共栄圏の理念に従って、一緒に栄えていく！と思われるところですが、現実はそう単純ではありません。日本軍による占領地統治は、場所によって様々な様相でした。

具体的に日本軍による占領の様子を見ていくと、日本軍による統治の状況が一言では言えないことがよくわかります。日本軍が占領したいくつかの地域を見ていきましょう。

まず最初に紹介するのは、日本軍による支配が特に厳しかったマレー半島です。マレー半島は、車が走ることも難しい熱帯雨林に覆われた土地です。そのため日本軍も「銀輪部隊」と名付けられた自転車部隊で軍を進めていたわけです。

そんなマレー半島に鉄道を新たに建設すれば、敵と戦うときの食糧やその他の物資、援軍の輸送が非常にしやすくなります。そのため日本軍は、マレー半島に一刻も早く鉄道を造っておきたい！と思っていたのです。

そうと決めた日本軍は、現地の人々に対して非常に過酷な労働を強いました。少ない食糧しか与えずに、ジャングルの中を切り開いて鉄道を建設するという過酷な肉体労働を強いたのです。体調を崩す労働者も続出したのですが、医療体制も十分に整えていなかったため、感染症にかかって命を落とす人もかなり多かったのです。こうした現地の人に過酷な労働を課した例を見ると、「共栄」という言葉を疑いたくなります。

とはいえ、日本が「大東亜共栄圏だ!」とか適当なことをいって、結局東南アジアの国々からさんざん搾取しただけだろ!というのも誤りです。

中には、本当の意味での「大東亜共栄圏」を目指していた軍人もいたのです。有名なのは、インドネシアのジャワ島の統治に当たった今村均という陸軍軍人です。今村の占領政策は、マレー半島とは全く違って、現地の人々を尊重したかなり友好的なものでした。

今村が統治に当たったインドネシアは、元々オランダの植民地でした。オラン

今村均

写真提供：共同通信社

ダ植民地時代からインドネシアでは独立の機運があり、独立を望んだ歌まであったのです。

植民地が独立するというのは治めている側からしたら大変なことです。宗主国であったオランダは、当然独立の歌を全面的に禁止していたのですが、今村はこの禁止を解除するどころか、日本国内でジャワ島について知ってもらうために、レコード化して日本本土で配ったのです。ジャワ島の島民に対して、柔らかな笑顔で手を振っている写真も残っています。

今村は戦後、戦争が起こってしまったことに対する裁判に掛けられるのですが、このときにインドネシアの現地の人々が、今村を死刑にしないよう助命嘆願をしたという話も残っています。それだけ現地の人からの信頼が厚かったのです。

他にも、中部太平洋にパラオという地域があります。パラオも大東亜共栄圏に含まれていた地域ですが、現在でも親日国として有名です。

パラオ内の学校や病院、その他インフラの整備が日本によって推し進められ、移住してきた日本人も、現地民を極力日本人と同等に扱ったと言われています。

そんな中で現地民と日本軍との間の温かい話が残されています。

日本とアメリカとの戦闘が激化し、日本が治めていたパラオにも戦火が迫ってきたときの話です。アメリカとの戦闘準備を進める日本軍の下に、現地のパラオの人たちがやってきました。

彼らは日本の軍人たちに「私たちも一緒に戦わせてほしい！」と言ってきたのです。日本軍を信頼し、日本軍に対してかなり友好的だったことがわかります。

ところがそれを聞いた軍人は、パラオの人たちに対して「貴様ら土人と神聖な日本兵が一緒に戦えるか！」と返したのです。

土人というのは原住民を示す言葉で、差別的なニュアンスを含む言葉です。これを聞いた現地の人々は、あれほど仲良くしてくれていたのは嘘だったのかと傷心しました。

パラオの人々は諦めて、戦いには加わらず、避難する船に乗り込みました。しかし、彼らを乗せた船が岸を離れた時に、追い払った軍人たちが一斉に岸に出てきて見送りをしているのが見えたのです。これを見た島民たちは、軍人たちが自分たちを戦いに巻き込まないためにあえて強く突き放したのだと気が付きました。

この日本軍の計らいのお陰で、現地パラオ人の被害はほとんどなかったといわれています。

このように、現地に目を向けてみれば、日本政府の考える「大東亜共栄圏」とは全く関係なく、本当の意味での「共栄圏」を目指していた軍人も少なからずいたことがわかります。

こういったことを踏まえて、日本の東南アジア進出について考える時には、ある一面だけを見て判断しないようにすることが大切です。

マレー半島で現地民に過酷な労働を課したことだけを見て、日本は東南アジアを植民地化して自分たちのいいように支配した！過去の歴史を反省しろ！というのは、日本を見下げるための一方的な取り上げ方になっていると言えます。

かといって、今村のジャワ島統治の話やパラオの話だけを取り上げて、ヨーロッパの魔の手から東南アジアを救った日本万歳！と言って日本のいい面だけ見るのも過度な日本賛美になっていると言えます。

日本の東南アジア進出については、良かった！悪かった！と一言では言えないような状況であったということを理解しておいてほしいです。

第三章　戦争の転換点と続く敗戦

近代戦争は総力戦

日本とアメリカの戦局の話に戻ります。

日本はアメリカに対して真珠湾攻撃を行い、序盤の優勢を決定づけました。

第二章で説明した通り、相手の軍事施設を完全に破壊するという当初の目的は達成されませんでしたが、アメリカの艦隊に対して大きなダメージを与えることに成功したのでした。

真珠湾を攻撃した後も、日本の艦隊は手をゆるめません。そのまま太平洋や、さらにはインド洋にまで進出して、広い海に散らばった相手の基地を攻撃し続け、勝ちを重ねていきました。

一方のアメリカですが、指をくわえて日本の快進撃を見ていたわけではありません。

真珠湾攻撃によって大ダメージを受け、多くの船が使用不能になったアメリカですが、辛うじて残っていた戦力で、日本に対して「嫌がらせ」を仕掛けます。太平洋に点在する島々に作られた日本の基地に向かって、その遥か遠くから爆撃機を飛ばし、日本の基地に数発爆弾を落として、後は見つからないうちに逃げてくるという攻撃を繰り返したのです。

日本の基地から遥か遠くの見えないところから攻撃して、見つからないうちに逃げてくるので、アメリカ側はダメージを全く受けません。当然数発の爆撃では日本の基地に大したダメージを与えることはできませんが、反撃のリスクはゼロ、というなんとも言えない地味な攻撃です。

そんな攻撃に意味あるのかよ……と思うかもしれませんが、この地味な攻撃にはアメリカの大きな狙いがありました。それは、「小さいながらもアメリカ軍が戦果を挙げている」という事実を作り出すことです。

実際は地味な攻撃でしたが、この攻撃の様子は、アメリカ国内でかなり派手に報道されたのです。「アメリカ軍が日本基地を攻撃して、無傷で帰ってきている！」と、ラジオ等を通して大々的に報道されたのです。

こういった報道を聞いたアメリカ国民は、「日本との戦争でも、アメリカ軍はそれなりの戦果を挙げて頑張っている！」と思うのです。これが重要だったのです。

というのも、アメリカは、太平洋戦争というものが、国民の協力なくしては勝つことのできない「総力戦」であるということを心得ていました。

近代戦争においては、国民が軍に協力して、軍が使用する武器や、兵士の食糧や軍服などを国民に作ってもらわないと戦争には勝てないのです。軍人だけが戦地で頑張っても勝てない。本土にいる国民も一緒に、国全体の総力を挙げて戦う戦争、ということで、こういった近代の戦争を「総力戦」といいます。

アメリカは太平洋戦争もこの「総力戦」であるとはっきりと認識していたのです。国民総出で戦うわけですから、太平洋戦争においては、自国民の士気を保つことが非常に重要でした。

真珠湾攻撃で日本にボコボコにやられて、その後も全く勝てていない、というニュースが続くと、アメリカ国民の戦争を続ける意欲が大きく削がれてしまいます。

するとアメリカ国内で戦争反対ムードになり、反戦運動がアメリカ各地で起こって、兵器工場で働く人は仕事をボイコットする、農家も戦争のための食糧は作らない！とボイコットする、といった感じでアメリカは内側から崩れていってしまうわけです。

そのため、無傷でちょこっと相手を攻撃してきたという地味な戦果を「みなさんの協力を受けて戦っているアメリカ軍は、小さいながらも立派な戦果を挙げていますよ！」と大々的に報道したのです。国民全員で戦争を闘う！というアメリカの姿勢がよくわかります。

そんな中、アメリカはさらなる一手を打ってきます。日本本土への爆撃を行ったのです。

この頃は日本本土の周りの島は全て日本領で、本土までアメリカの爆撃機がやってくるということは通常では考えられませんでした。当時の爆撃機の性能的に、遠く離れたアメリカの基地から日本本土までの長距離飛行はできなかったためです。

ですがアメリカ軍は、何とかして日本本土への爆撃をするために、海上滑走路の役割を果たす軍艦である空母に陸上用の大型爆撃機を載せて、海からギリギリまで日本に近づいたうえで爆撃機を飛ばして、何とか日本本土に爆撃を行ったのでした。

ギリギリたどり着く計算だったので、爆撃機の機体はかなり軽くしないといけませんでした。そのため大量の爆弾を積むことはできず、日本に与えた被害はそう大きくはなかったのですが、アメリカにとってこの結果は十分すぎるほど上出来でした。

アメリカが期待したのは、爆撃による実質的なダメージではなく、日本に対する精神的なダメージだったためです。

それまで日本軍とアメリカ軍の衝突は、日本の本土からはるか離れた離島や東南アジアで起こっていました。本土に直接的な被害がなかったため、日本としてもイケイケドンドンで東南アジアを始めとした各方面へ進軍できたのでした。

ですがそんな中、アメリカから直接日本本土を攻撃されたわけです。

アメリカの狙いは、「その気になれば、こっちは日本本土も攻撃できるんだよ！東南アジアばかり見ていると、本土がどうなっても知らないよ」といった具合に、どんどん進軍して領土拡大をしている日本軍を牽制することでした。

日本としては、本土への爆撃はやめてもらいたいわけです。それまで日本国民にとって戦争とは、遠く離れた島で起こっているものでした。身近でないからこそ、戦争に対する協力を惜しまなかったわけです。

しかし、本土が爆撃されれば、戦争は「遠く離れたもの」ではなく「自分の頭の上から爆弾を落とし、自分の家や土地を焼いていくもの」であるという意識が芽生えて、戦争に加担していることを疑問に思う国民も増えます。そうなると、国民が軍と一丸となって戦っていく必要のある「総力戦」においては致命的です。

真珠湾攻撃で大戦果を挙げ、破竹の勢いでマレー半島を攻略した日本は、乗りに乗っているような状態でした。そんな中、本土への爆撃をくらって、国民の意思が揺らぎかねない……さあ次どうするか……といった状況で提案されたのは、次のミッドウェー作戦でした。

ミッドウェー海戦

ミッドウェー作戦とは、アメリカの空母を殲滅《せんめつ》することを最終目標とした作戦です。この作戦の実行のために海で起こった戦いのことを「ミッドウェー海戦」といいます。

この頃太平洋上の日本本土近くの島は全て日本領でした。なので、アメリカが行ってきている本土爆撃はこれからも陸からではなく、全て海上の空母から飛び立ってきた爆撃機によって行われると判断されました。そのため、爆撃の基点となっているアメリカ空母を殲滅しよう！というミッドウェー作戦が立案されたのです。

ですが、空母を攻撃したい！と思っても、アメリカ空母がまず姿を現してくれないと当然攻撃を仕掛けることはできません。

そこで日本軍が目を付けたアメリカの基地が、ミッドウェー作戦の舞台となる「ミッドウェー島」だったのです。

ミッドウェー島は、ハワイの近くにある小さな島です。

ハワイは、アメリカ軍の主要な基地です。これまで行われていた太平洋上の日本基地への嫌がらせ攻撃も、日本本土への爆撃も、全てハワイを出港した空母から行われていました。

ハワイが日本に取られれば、アメリカ軍の大きな基地は、アメリカ本土以外に

ハワイを含めたミッドウェー島の地図

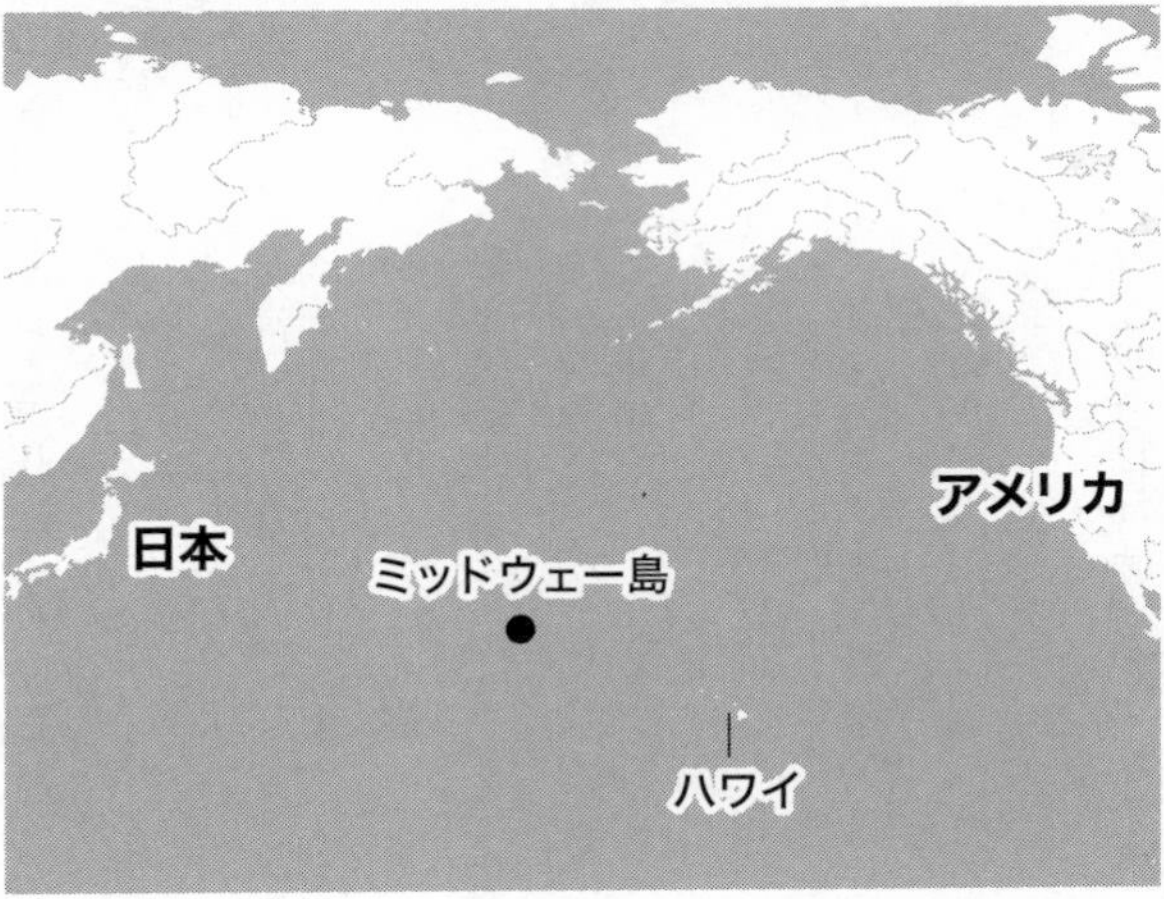

ない状態になってしまいます。つまり、ハワイを取られると、アメリカは本土から艦隊を出港させるしかなくなり、日本への攻撃が大変やりにくくなるのです。ハワイの近くにあるミッドウェー島を失うということは、重要拠点であるハワイまで失ってしまうことに直結しています。ミッドウェー島にもアメリカ軍の残した飛行場などの設備があったので、もし日本軍がミッドウェー島を占領できれば、いつでもアメリカの重要拠点であるハワイを攻撃できる状態になるためです。

そのためアメリカとしては、ハワイを守るためにも、ミッドウェー島は絶対に死守しておきたい！という思いでした。

こういった状況を踏まえて日本軍が考えたのが、このミッドウェー島を攻撃して、守るために出てきたアメリカ空母を叩き潰す、という「ミッドウェー作戦」だったのです。

迎え撃つアメリカとしては、真珠湾攻撃で大ダメージを受けたばかりです。もちろん万全の状態ではありません。

ですがアメリカとしては、ミッドウェー島の死守は絶対です。もう後がないと思っているアメリカは、このミッドウェー海戦に持てる力を全てつぎ込みました。死に物狂いで空母の修繕を行ったのです。24時間態勢での超突貫工事が行われたのでした。完璧な修復はハナから諦めて、何とか最低限の速度で航行できるまでに回復させることを目標に、総動員で空母の修理にあたったのです。

こうしてアメリカは、最低でも1ヶ月半かかるといわれた修理をなんと3日で終えて、戦闘態勢を整えてしまったのです。

結果として、アメリカ軍はミッドウェー島に3隻の空母を投入することができました。

日本軍に対抗するために必死で戦力をかき集めたアメリカ軍でしたが、対する日本軍は、そこまで戦況をシビアに考えていませんでした。真珠湾攻撃で大戦果を挙げ、その後の小さな島の奪い合いでも勝ち続けている日本の空母部隊が負けるわけがない、といった感じで油断していたのです。

確かにここまでアメリカ軍に大きなダメージを与えて勝利続きだった日本軍ですが、もちろん無傷というわけではありませんでした。

もともと日本側は、空母6隻を使ってミッドウェー作戦を行うつもりでしたが、その前の「珊瑚海海戦」という戦いで6隻のうち2隻が軽くダメージを受けていました。

ここで日本は、修繕に時間が掛かるからということで、ダメージを受けた2隻を日本に置いていくことを決めました。アメリカのように死ぬ気で修繕すれば出撃には間に合ったでしょうが、日本としては「これだけ勝ち続けてきたのだから、2隻くらい居なくても、4隻居ればアメリカ空母なんて余裕だろう」と考えていたのです。

こうして日本の空母部隊は、当初の予定より少ない4隻で日本を出港しました。

そして1942年6月5日、日本の空母部隊はミッドウェー島に忍び寄り、ミッドウェー作戦を開始しました。

日本側の作戦は、うまくいった真珠湾攻撃と同様に奇襲攻撃を仕掛けるというものでした。

真珠湾攻撃では、日本の宣戦布告とほぼ同時か布告よりやや早く攻撃を仕掛けたので、アメリカ側は全く準備ができておらず、日本が一方的に攻撃し続ける形になり、大勝を収めたのでした。日本軍としては、大勝した真珠湾攻撃と同じやり方でやればまた勝てるだろう！と楽観的に考えていたのですね。

しかし今回のミッドウェー海戦は、日本が思い描いていたようにはなりませんでした。

なんと、日本の攻撃計画がアメリカ側に駄々漏れだったのです。というのも、日本軍が用いていた暗号がアメリカ軍によって解読されていたのです。

当時は通信技術が未熟で、電話や電信は簡単に傍受されてしまいました。そこで各国は、重要なことは全て暗号化して伝えることで、他国からの傍受に備えていました。

アメリカは、この暗号解読の研究に力を入れていたのです。暗号解読班を組織して、日本がどんなパターンを使って暗号にしているか徹底的に調べることで、日本の暗号のほとんどを解読することに成功していたのです。

こうなると、日本がミッドウェー島を攻撃してくることはおろか、日本艦隊がどの進路でいつ攻撃するかまで筒抜けだったのでした。

一方で日本軍は、アメリカ軍の情報を一切掴むことができていませんでした。一応敵の様子を伺うために潜水艦を送り込んだりしていたのですが、偵察で得られる情報には限界があります。

結局日本の部隊は「敵がどこに何隻いるのか」「そもそもミッドウェー島の付近に敵艦隊が来ているのか」ということすらわからない状態でミッドウェー作戦を開始したのでした。

つまり、アメリカは日本に対して万全の態勢だったのに対し、そんなことは知らない日本は完全に油断しきった状態でミッドウェー島を攻撃したのでした。

日本としては、先制攻撃によって今まで通り圧勝できて、すぐにミッドウェー島からの抵抗は無くなるだろうと考えていました。ですが、事前に攻撃を察知していて防御を固めていたアメリカ軍の抵抗はなかなか止みません。

それに加えてこの時の日本艦隊では内部伝達がうまくいっておらず、かなりしっちゃかめっちゃかの状態だったのです。

ミッドウェー作戦の本来の目的は、ミッドウェー島を先制攻撃することによってアメリカ軍の空母をおびき出して、出てきた相手の空母を殲滅するというものでした。ですが、この考え自体が日本海軍全体にうまく浸透していなかったのです。

なんと、せっかくミッドウェー島まで攻撃しに来たのに、相手の空母だけ攻撃して戻ってくるのはもったいない！ミッドウェー島自体にもガンガン攻撃して、島をゲットできた方がいいのでは！という考えを持つ指揮官もいたのです。

こうなると一番困るのは最前線で戦っている空母部隊です。上役の意見がまとまっていないので、指示が二転三転するのです。

初め日本の空母部隊の航空機は、元々の指示通り、アメリカ空母を沈めるための爆弾や魚雷を積んでいました。ところが、別の指揮官によって「これではミッドウェー島を落とすためには全然足りないぞ！」と言われるわけです。

指揮官の命令に従わないわけにはいかないので、現場の空母部隊は、対空母用の爆弾からミッドウェー島攻撃のための陸上攻撃用の爆弾に積みなおしました。

ですがこの直後に、味方の偵察機から「アメリカ空母を発見した」という報告が入ります。そうすると指揮官からは、「空母がいるなら空母だ！早く空母攻撃用の爆弾や魚雷に積み替えろ！」という命令が飛んできます。

この立て続けの命令に、乗組員たちはてんやわんやです。爆弾や魚雷は何百キロもあるので、すぐには積み替えられません。この何度も変わる命令のせいで、船上の準備は全く進まず、爆撃機でアメリカ空母を攻撃するどころか、飛び立つこともできていない状況です。

するとこうして現場がもたもたしている間に、アメリカからの爆撃を受けてしまいました。これは最悪のタイミングでした。何度も積み替えを行っていたため、爆弾や魚雷を頑丈な倉庫に戻す余裕がなく、甲板に爆弾がゴロゴロ転がっている状態だったのでした。

相手の爆撃を数発受ける程度なら、よほど当たり所が悪くない限り致命傷にはなりませんが、無防備に置かれていた爆弾や魚雷を巻き込んで、船では二次的な爆発が次々と起こったのです。

こうなると、数発爆撃を受けただけで、船は一瞬で炎に包まれてしまいます。船上で火事が起こっただけなら、船としての航行には問題はないのですが、今回出撃しているのは空母です。空母の役割は滑走路代わりになって甲板上から航空機を飛ばすことです。甲板が燃え盛る中、そこを走らせて航空機を飛ばすことはできません。

こうしてわずかな被弾だったにもかかわらず、日本の空母部隊は一瞬で戦闘不能に陥ったのです。主力である空母での攻撃が見込めなくなった以上、退散するしかありません。

こうして、ミッドウェー海戦は、あっけなく幕を閉じました。

この戦いで日本が挙げた戦果は、アメリカの空母をたった1隻沈めただけでした。その代償は、到底戦果に見合うものではありません。日本軍は大型空母4隻に加え、そこに載っていたたくさんの航空機、そして熟練の搭乗員たちをいっぺんに失ってしまったのです。

こうしてこのミッドウェー海戦をきっかけとして、日本優勢だった戦況が一気にアメリカ有利の戦況へと傾いていってしまうのです。

ガダルカナル島の戦い

ミッドウェー島で手痛い敗戦を喫した日本軍でしたが、なぁに一回負けただけだ！という様子で、ミッドウェー島での敗戦直後はまだまだイケイケムードでした。東南アジアに限らず、その他の地域にも戦線をどんどん広げていくという日本軍の基本姿勢は変わっていませんでした。

日本軍が次に目をつけたのは、オーストラリア大陸の北東にあるソロモン諸島の一つ、ガダルカナル島でした。ガダルカナル島は、愛知県と同じくらいの面積の小さな島ですが、アメリカにとっても日本にとっても非常に重要な位置にありました。

もし日本の軍事基地をガダルカナル島に作られると、アメリカはソロモン諸島全体に全く手が出せなくなります。ソロモン諸島の近くには、アメリカ軍の大きな拠点がありません。一番近い基地はソロモン諸島から北東に約6000km離れたハワイです。こんなところから長距離航海をして船がやってくるとなると、ソロモン諸島に着いた頃には兵士は疲労でクタクタです。そんな状態で、陸上の基地で待ち構えている日本軍を相手にするのは至難の業です。

ガダルカナル島、ソロモン諸島

逆にアメリカ軍がガダルカナル島を占領できてしまえば、アメリカの事情は大きく変わってきます。

ガダルカナル島の基地から航空機を飛ばして、ソロモン諸島で戦うアメリカの船の護衛をさせて、ソロモン諸島一帯での戦いをかなり有利に進められるようになります。

そしてソロモン諸島がアメリカのものとなると、ここを足がかりとした東南アジアへの進出が見えてくるのです。アメリカとしてはまだミッドウェー海戦で一矢報いただけですが、ソロモン諸島がアメリカ領になれば、太平洋戦争が一気にアメリカ有利の形勢になると考えられます。

日本としてもアメリカとしてもガダルカナル島は譲れない！という状況の中、いち早くガダルカナル島に手を出したのは日本軍の方でした。

太平洋戦争開始当初ガダルカナル島は形式上イギリス領でしたが、イギリス本国から遥か遠いこともあって守備兵は配置されていなかったので、特に大きな戦闘もなく、日本軍が上陸した時点ですぐに日本の占領下に置かれました。

するとと日本軍は、非戦闘員の部隊を送り込んで、ガダルカナル島に飛行場を建設し始めました。兵士を送って島の守りを固めるよりも、とりあえず基地として使用するために島の整備を急いだのです。

日本軍は、真珠湾攻撃で大きな被害を受けたアメリカの反撃が来るまでにはまだ時間がある、と楽観的に予想していたのです。この予想については、それほど深い研究がされたわけでもなく、「あれだけ攻撃したんだし、まぁまだ来ないんじゃない？」という感じで油断して日本がなんとなく立てた予想にすぎませんでした。

結局この予想は大きく外れ、日本海軍がミッドウェー海戦で敗北した直後にアメリカはガダルカナル島へと部隊を送り込んできました。アメリカには攻撃の手を緩めるつもりは一切なかったのです。アメリカが送り込んできたのは、厳しい訓練を積み重ねていた「海兵隊」という精鋭部隊でした。

一方で島を守る日本軍はというと、戦闘になることを予想していないので、ほとんどが飛行場建設のために集められた非戦闘員なわけです。

結果は目に見えています。アメリカ軍が難なく勝利し、ガダルカナル島はあっという間にアメリカの手に渡ってしまったのです。

こうして重要拠点であるガダルカナル島は、一旦日本のものとなったのに、すぐにアメリカに乗っ取られてしまったわけです。

この状況は最悪でした。ガダルカナル島には、造りかけの飛行場を始めとした日本軍の残した基地設備があるわけです。アメリカ軍は、日本が急いで造った設備を使って、日本に対する攻撃の準備を進めていったのです。

当然日本軍としてはこの事態を黙って見ているわけにはいきません。ガダルカナル島が今後の戦局を左右する大事な島であることは重々わかっていたので、すぐにガダルカナル島奪還作戦を企てて、大急ぎでガダルカナル島へ部隊を向かわせました。

大型の船は準備が間に合わず、結局中型の船や小型の船を集めてたった8隻で艦隊が編成されました。

これだけで大丈夫なの？と思うかもしれませんが、日本艦隊は今回の作戦に自信を持っていました。

ガダルカナル島奪還のための日本艦隊の作戦は、夜の闇に紛れて敵に接近して、魚雷を叩き込むという「夜戦」でした。

当時アメリカ軍はレーダーを使って敵艦体の探索を行っていましたが、まだその精度は低く、結局のところ最終的な攻撃の判断は目視に頼って行われている状態でした。

そんな中、日本軍は、夜間でも相手を発見できるように訓練を積んだのです。昼間から暗い部屋にいて目を慣らしたり、夜間の見張り員だけ豪華な食事をとったり、今現在は科学的根拠がないといわれていますが、ビタミンAを多く摂取したりして、夜間の視力を高めることに専念しました。

実際に訓練の効果がどれだけあったかは定かではありませんが、日本軍が夜戦を得意としていたのは確かで、アメリカ軍からは「キャッツアイ」と呼ばれ恐れられていました。

夜戦を挑んで一方的に相手を攻撃することができれば、少数の艦隊でもアメリカの艦隊を圧倒できると考えたのです。

この作戦は見事に成功しました。日本艦隊は、島陰に隠れて夜になるのを待ってから、アメリカ艦隊に対して突撃を敢行しました。夜闇に紛れて接近した日本艦隊は、訓練された見張り員によって、レーダーを擁するアメリカ艦隊を目視で先に発見します。急ごしらえで集められた艦隊だったので、連携は十分ではありませんでしたが、艦艇が各々の判断で魚雷や大砲を発射し、相手からほとんど攻撃を受けることなく、アメリカ艦隊に大ダメージを与えることに成功したのでした。

しかし、夜戦にはタイムリミットがあります。日の出が迫ってきていたのです。

日本艦隊は無傷だったにもかかわらず、ここで早々に艦首を翻して一斉に撤退を開始したのです。

夜闇に紛れて攻めていったわけですが、日が昇って反撃を受けてしまえば、日本有利の立場が逆転してしまいます。日本艦隊は反撃を避けるために、明るくなる前にアメリカ軍の攻撃圏外へと逃げたのです。

相手艦隊に大ダメージを与えて、無傷で撤退！大成功！と思うところですが、ここで日本軍は、大きな取りこぼしをしていました。

敵の輸送船です。日本艦隊が駆逐したアメリカ艦隊のさらに奥に陣取っていた輸送船には攻撃を加えることができていなかったのです。

アメリカや日本からほど遠いガダルカナル島周辺で繰り広げられている戦いにおいては、物資の補給が非常に大切です。輸送船で運ぶ物資が島にいる兵士に届かないと、戦況は一気に崩れていきます。弾薬がない、食糧がない、という状況ではどんなに屈強な兵士であろうとまともに戦えません。

この夜戦で日本軍がアメリカ軍の輸送船を攻撃しきれていれば、一気に日本有利の状況になったと考えられるのですが、日本軍は輸送船を攻撃することなく、日の出前に撤退してしまったのです。

日本軍の完勝ではあったものの、ガダルカナル島のアメリカ軍の息の根を止める千載一遇のチャンスを逃したという感じで、ガダルカナル島をめぐる海での最初の戦いは幕を閉じます。

日本軍はその後も何度か攻撃を仕掛けましたが、結局ガダルカナル島周辺の海はアメリカ軍に押さえられ、決定的な攻撃は与えられないままでした。何度か有効打を与えたものの、日本からガダルカナル島への海路は全くと言っていいほど開かれていませんでした。

海をアメリカに制されていますが、それだけでなく、ガダルカナル島にはアメリカ軍が自由に使える飛行場があります。海からの攻撃を受けずに移動できる権利を「制海権」、空からの攻撃を受けずに移動できる権利を「制空権」といいますが、ガダルカナル島周辺において、日本はこの二つを完全にアメリカに握られてしまったのです。

ですがこの時点で、ガダルカナル島に上陸していた日本陸軍もいました。彼らは地獄を見ることになります。

当然彼らには武器や食糧を届けなければいけませんが、輸送船を使った大掛かりな輸送はできません。輸送船というのは、大抵民間船が転用されたものです。つまり、ロクに相手を攻撃する手段を持っていないのです。制海権をアメリカに握られているのにそんな輸送船でガダルカナル島に近寄るのは自殺行為です。反撃もできずに敵の軍艦や航空機から総攻撃を受けて、島に着く前に沈んでしまいます。

こうして、ガダルカナル島で戦っている陸軍は、武器どころか食糧もロクに届いていない中で戦闘を行うことになってしまったのです。ガダルカナル島では、敵兵との戦いよりも飢えとの戦いの方がメインとなってしまう、最悪の光景が広がっていたのです。

飢餓の島

海軍が海で戦っている中、なんとか海や空からの攻撃を避けて上陸できた陸軍部隊は、海で苦戦している海軍を横目に意気揚々とガダルカナル島に乗り込んでいました。

というのも、これまで日本陸軍は、第二章で触れた通りマレー半島での進軍大成功を始めとして、東南アジアで戦って連戦連勝でした。東南アジアでの戦いを経て、自分たちの進軍に自信を持っていたのです。

ですがこの自信は、言ってみれば過信に過ぎませんでした。というのも、日本陸軍がこれまで東南アジアで戦ってきたのは、いわゆる二線級の西洋軍でした。この時期にはヨーロッパで第二次世界大戦が勃発しており、一線級の兵士たちは本国の防衛に回されていて、遠く離れた東南アジアの植民地を日本軍から守るために派兵されたのは、二線級の兵士たちだったのでした。

要するに東南アジアで戦っている西洋の兵士は、訓練も未熟で、装備も本国のおさがりのような部隊ばかりだったので、戦った日本陸軍は「あれ？西洋の軍隊は弱いのでは？」という思考に陥っていたのです。

結果として日本軍がガダルカナル島に送り込んだのは900人強の少人数の部隊でした。「まぁ今回も900人とかいれば勝てるだろう」と楽観的に考えていたのですね。

ですが日本陸軍がガダルカナル島に上陸したとき、アメリカは1万人以上の兵士を配置していました。

そんなことはつゆ知らず、900人の日本陸軍部隊はガダルカナル島に上陸し、攻撃を敢行します。

このとき日本軍は「銃剣突撃」を行いました。銃剣突撃とは、その名の通り、銃の先に取り付けた銃剣を武器に敵陣に切り込んでいく、という戦法です。

とは言っても、正々堂々真正面から突撃しても相手にすぐ見つかって返り討ちにされてしまいます。なので銃剣突撃は、基本的には夜闇に紛れて行われました。夜中に銃剣の銃で発砲すると音と光で自分の位置がばれてしまうので、基本的には発砲は禁じられていました。夜に相手に忍び寄って、銃の先に付けられた剣で直接相手に斬りかかったわけです。

なんとも力技でアナログな銃剣突撃ですが、これは、アメリカ軍に海を制されて物資が潤沢に届かない中で取られた苦肉の攻撃策でした。とはいえこの銃剣突撃は、太平洋戦争の40年も前に起きた日露戦争で使われた戦法なのです。過去の戦法に対しては、当然対策が練られています。

銃剣突撃に対しては機関銃が有効である、というのは欧米の国々では常識でした。機関銃を用いれば、個人で扱う銃とは桁違いの弾数を発射できるので、一人一人銃剣を構えて向かってくる銃剣突撃に対しては効果絶大です。機関銃が一つあれば、銃剣部隊は近づく前に遠方から一方的に一掃されてしまいます。

もっといえば、太平洋戦争の30年ほど前に起きた第一次世界大戦の頃に、この機関銃に対しての攻略法まで欧米諸国では研究し尽くされていました。

つまり、守りを固めた敵軍に対して銃剣突撃をするというのは、時代錯誤も甚だしい化石のような攻撃方法だったのでした。

それでも日本軍が銃剣突撃にこだわってしまったのは、もちろん物資が十分になかったということもありますが、この方法でも東南アジアの植民地軍相手なら何とかなったという経験によるところも大きかったです。東南アジアの植民地軍には陣地を作る時間も有効な装備も十分になかったので、時代遅れな方法でも簡単に突破できたのですね。

ですが、ガダルカナル島で日本陸軍の前に立ちはだかっているのは、装備も時間も十分に与えられた、超一線級のアメリカ本国の陸軍です。

そんな相手に対して、相手よりも少ない数の兵士で銃剣突撃を仕掛けているのですから、結果は目に見えています。

結果として、銃剣突撃に対して機関銃で一掃するというセオリー通りの対策をされ、900人の日本陸軍部隊はすぐに壊滅してしまいます。

完膚なきまでにやられてしまったわけですが、アメリカが機関銃を始めとした兵器を多く用意していることを知った日本は、それに対抗して、今度は大砲や機関銃といった、強力な兵器をできる限りたくさん島に送り込もうとしました。

しかし、時すでに遅しでした。先述の通り、日本軍は海での戦いに負けていて、この頃にはガダルカナル島周辺の海はほぼアメリカに制圧されているような状況です。加えてアメリカ軍はガダルカナル島の飛行場も自由に使えるわけなので、海からも空からも日本軍の輸送船を攻撃し放題です。日本軍としては、いくら大砲や機関銃を届けようとしても、ガダルカナル島に送り届ける前に攻撃を受けて沈められてしまうという状況でした。

結局、大型の輸送船で大きな武器や大量の物資は運び込むことができないまま、小型の高速船で中途半端に兵士だけ送り込まれる形になり、ガダルカナル島は地獄の戦場と化します。

補給のままならない島に孤立した日本軍は、戦死者もさることながら、多くの餓死者、病死者を出しました。

ガダルカナル島は、略称「ガ島」に対して、飢餓の「餓」が当てられて、「餓島」と称されることが多いです。

ガダルカナル島ではおよそ2万人の日本兵が亡くなっています。このうち直接の戦闘での戦死者は約5000人で、残り約1万5000人は戦病死、ほとんどが餓死だったと推定されています。つまり島に上陸したほとんどの兵士は、敵とまともに戦うことすらなく、空腹のために亡くなったわけです。「餓島」とは実に忌々しい表記ですが、この呼び名は、この島での悲惨な日本軍の戦いを表したものなのです。

日本軍はそんな最悪の状況で戦っていたわけですが、最初の上陸から半年ほど経つとようやく、ガダルカナル島の兵士を撤退させ、戦線を下げて立て直しを図ろう、という命令が出されました。

ですが、撤退も一筋縄ではいきません。撤退とは具体的にいうと、船をアメリカ軍に発見されないように接近させ、あらかじめ浜に集められていた陸軍兵士を回収する、という手順になるわけですが、ガダルカナル島にはアメリカ軍の飛行場がありますし、周りの海にはアメリカ海軍の軍艦がうじゃうじゃいます。そんな状況で船を発着させるのは命がけです。なので、そう何度も兵士撤退用の船を派遣することはできなかったのです。

そのため、この時すでに自力で動くことが難しくなっていた兵士たちは、島に置き去りにされたのです。撤退が行われた以上、当然この後ガダルカナル島に補給が来ることもないので、要するに見殺しにされたわけです。

半年間で3万5000人以上の陸軍兵が投入されたガダルカナル島でしたが、この時の撤退作戦によって島を脱出できたのは、わずかに1万人ほどでした。

こうして、半年に及んだガダルカナル島をめぐる攻防戦は、アメリカの勝利で幕を閉じます。この勝利によって、アメリカ軍はソロモン諸島攻略の足掛かりを得たわけです。ガダルカナル島を拠点にして、ソロモン諸島方面での作戦を展開していきます。一方、多くの犠牲を出しながらもガダルカナル島を取り戻せなかった日本軍は、開戦時の勢いを完全に失うことになってしまったのです。

絶対国防圏と戦略爆撃

真珠湾攻撃、マレー半島攻略と、絶好調で戦線を押し広げて太平洋に散らばった様々な地域を占領していた日本軍ですが、ミッドウェー島で敗北し、ガダルカナル島の戦いでも敗北して、ここから徐々に追い込まれていきます。

続け様の敗北で日本軍は多くの兵士を失い、軍艦も大きく損傷してしまったのでした。すると今まで様々な地域に戦線を広げていったのが、逆にアメリカ軍に戦線を押し戻される形になっていくのです。

そこで日本軍は、一度占領した太平洋の島々を一旦手放し、戦線を大きく後退させることを決めました。このまま全ての島を守ろうとしても、軍艦も兵士も足りないから、ある程度島を放棄して最低限の範囲だけを確実に確保して、そこで守りを固めようと考えたのですね。

この時定めた守り切りたい最低限の範囲のことを「絶対国防圏」といいます。絶対国防圏を定めるラインとして、ミャンマーのあたりからオーストラリア大陸とインドネシアの間を抜けて、ニューギニア島の真ん中を縦に通って、千島列島の先へと続いていくラインが制定されました。

このラインは、燃料や航空機の性能的に、アメリカ軍の爆撃機が日本本土を爆撃して帰ってこられるかどうかを基準に制定されました。つまり、このラインより日本本土に近いところにアメリカの拠点を作られてしまうと、そこから爆撃機を飛ばして日本本土を爆撃し放題になってしまうということです。

絶対国防圏

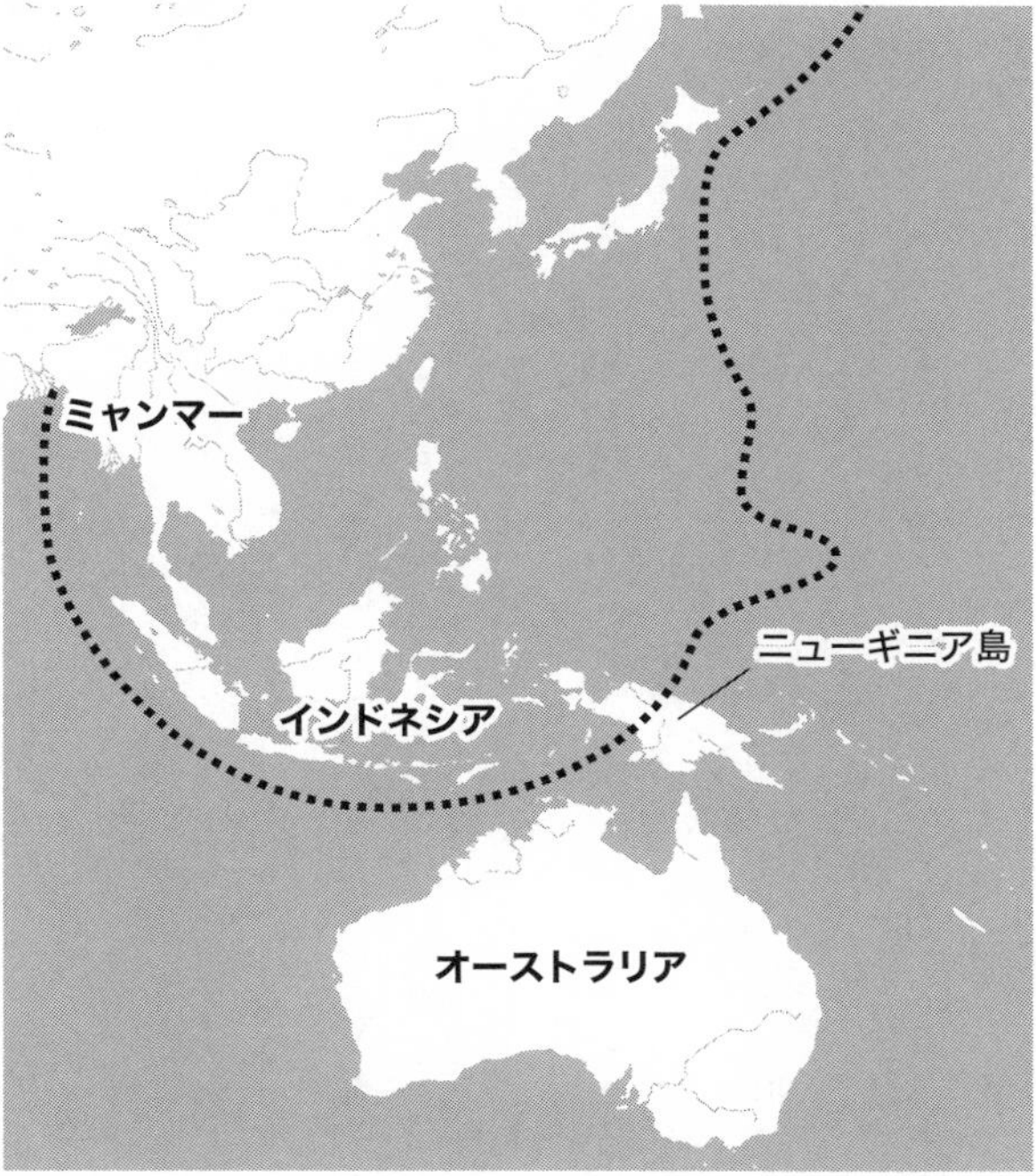
ミャンマー
ニューギニア島
インドネシア
オーストラリア

防衛ラインを明確にした上で、このとき日本軍が予想していたアメリカ側のプランは、フィリピン陥落を大目標として、カロリン諸島やその西部のパラオ方面を攻めてくる、というものでした。

フィリピンが陥落してしまうと、アメリカ軍の日本本土への上陸がかなり現実味を帯びてくるためです。日本にほど近く、大きな島が多いフィリピンは、大艦隊や陸軍部隊、それに伴う大量の物資を集結させるにはうってつけです。フィリピンでしっかり戦闘準備を整えて、沖縄を始めとした日本本土に上陸する、というのがアメリカ軍の描いているシナリオだろうと日本軍は予想していました。

フィリピンを狙ってくることは間違いない！フィリピン陥落をゴールとして、そこまでを島伝いに攻めてくるはずなので、まずはカロリン諸島やパラオ方面に進出してくるだろう！と日本軍は考えたわけです。

ですが、日本軍の予想は大きく外れます。アメリカ軍がまず狙ったのは、マリアナ諸島でした。

フィリピン、マリアナ諸島、カロリン諸島

日本軍は「アメリカ軍は大部隊をフィリピンに集めて日本本土上陸を盤石にしてくる」と予想していたわけですが、アメリカ軍は日本本土上陸よりも先に「とにかく日本本土に爆撃を行う！」という作戦だったのです。

マリアナ諸島にはそれほど大きい島はありませんが、爆撃機を飛ばすための飛行場を造るには十分でした。日本本土までの距離もフィリピンとほとんど同じくらいで、日本本土を爆撃をするための島としては申し分ありませんでした。

また、フィリピン陥落を達成しようとすると、途中のカロリン諸島を陥落させて、広いフィリピンでも大規模な戦闘を行って……と時間がかかってしまいますが、小さな島々の集まりであるマリアナ諸島であれば、比較的すぐに陥落させられる目処が立ちます。

アメリカ軍は本土上陸を盤石にすることよりも、サクッとマリアナ諸島を押さえて、そこからとにかく日本本土へ爆撃することにこだわったのです。

これはアメリカ軍が「戦略爆撃」という戦法に注目していたためです。「爆撃」

と一言で言っても爆撃機による爆撃には大きく分けて2種類あります。一つは「戦術爆撃」と呼ばれるものです。これは、一戦場で勝利するための爆撃です。具体的には、地上を進軍している敵部隊を攻撃したり、味方の船を攻撃してくる敵艦艇を攻撃したりする爆撃を指します。

これに対して、アメリカ軍が重視した「戦略爆撃」は、戦地での局地的な戦闘を有利に進めるための爆撃ではなく、戦争全体を通して自国が有利になるように、まさに戦略的に行う爆撃なのです。進軍してくる敵に向けてではなく、兵器の生産工場そのものを破壊して戦場で使われる兵器の補充をできなくしたり、日本国内の大都市に爆撃を行って国民の反戦感情を煽ることによって、国として戦争を続けられないようにする、という目的をもった爆撃を戦略爆撃というのです。

太平洋各地の戦局を有利に進めていて余裕のあるアメリカは、この時点で、一つ一つの戦闘で日本軍に勝っていくことだけでなく、太平洋戦争自体を終わらせることを視野に入れ始めていたのです。

この時造られたのが戦略爆撃専用の爆撃機B―29です。今までの戦術爆撃用の爆撃機は「少量の爆弾を敵の陣地や船のような小さな目標に確実に当てること」を目的に造られており、小回りが利くような設計で主に機動性が重視されていました。

一方「戦略爆撃」用に造られたB―29は、「工場のような大きな目標に大量の爆弾をばらまくこと」を目的に造られています。そのため機動性や爆弾投下の精度はそこまで高くなく、とにかく遠くまで飛ぶことや、大量の爆弾を積むことを重視されていました。

B―29を使って日本本土の主要都市を戦略爆撃する分には、わざわざ大きなフィリピンを陥落させなくても、マリアナ諸島で十分なわけです。こういった思いのもと、アメリカ軍はマリアナ諸島の一つ、サイパン島への上陸作戦を開始するのです。

B—29

サイパン島の戦い

日本軍としては、このラインは絶対に死守する！という「絶対国防圏」内にあるサイパン島を落とされるわけにはいきません。

絶対国防圏の内側にあるサイパン島がアメリカ軍の手に渡れば、いよいよ日本列島にまで戦禍が及び、日本本土の一般市民の命まで危険にさらされることになってしまいます。日本軍としては、何としてでもサイパン島は守らなければならない！という意気込みでした。

フィリピンを目指して攻めてくるはずだ！という当初の予想は外れたわけですが、この時の日本軍の状態は万全でした。

日本軍は、絶対国防圏まで自ら戦線を下げたことで、前線での戦いに回されていた兵士や物資を、失った戦力の再建に回すことができていたのです。航空機や軍艦を急ごしらえで造って、兵士の訓練も急ピッチで行って、反撃の準備を整えたのです。こうして万全の状態となった日本軍は、絶対落とせない島であるサイパン島を守るために、4万人の大部隊を送り込みました。

日本軍がサイパン島防衛のために計画していた作戦は「アメリカ」の頭文字を取って名付けられた「あ号作戦」でした。あ号作戦は、サイパン島の周りの島に飛行場を造って、その飛行場から飛び立った航空機と海上の艦隊で協力しながらアメリカ艦隊を迎え撃つという一大作戦でした。

サイパン島と同じマリアナ諸島の島であるグアム島などはまだ日本軍のものだったので、そこから日本の空母部隊の攻撃に先立ってアメリカの空母を攻撃して、相手の戦力を削っておこうとしたのです。

ミッドウェー海戦やガダルカナル島周辺の海戦で多くの空母を失った日本軍でしたが、サイパン島周辺の島を「沈まない空母」と見立ててそこから航空機を飛ばしていけば、アメリカ艦隊と互角に戦えると判断したわけです。

「あ号作戦」は軍艦が少ない中での最善の一手のように思われますが、この作戦は意外な形で大失敗することになります。なんと、サイパン島での戦いが始まる前に、あ号作戦の全容が記された書類がアメリカ軍へと渡ってしまう事件が起こっていたのです。

この事件の舞台はフィリピンです。

フィリピンはこの時点で日本が占領しているのですが、その前はアメリカの植民地でした。植民地といっても、アメリカが現地民を奴隷のように扱っていた！なんてことはなく、憲法や議会がしっかり機能していて、半独立国のような感じで、フィリピン人たちは比較的自由に暮らしていたのでした。

そんなところに急に日本軍が攻めていって、フィリピンを獲得していたわけです。

そのため新しくやってきた日本軍に対して現地民の不信感が強く、日本軍を追い出すための反日民間軍まで組織されているほどでした。そういったゲリラ組織と駐屯している日本軍との間で小競り合いが起こることも多かったのです。

つまりこの時期のフィリピンは、日本領ではあるものの、親米の反日ゲリラ軍が多く存在していて、日本軍にとって気の抜けない地域だったのです。

こうした中、フィリピンのセブ島にいた福留繁という日本軍の幹部が、日本人だということでまんまと現地のゲリラ兵に捕まってしまいました。この時に、持っていた重要書類をゲリラ兵に没収されてしまったのです。書類には、サイパン島での日本軍の一大作戦・あ号作戦について記されていました。

ゲリラを通じてこの書類を手に入れたアメリカ軍は、すぐに書類を日本語の解読班に回しました。こうしてアメリカ軍は、ひょんなことからサイパン島に関する日本軍の作戦の全容を事前に掴むことに成功していたのです。

福留は「今後日本軍はゲリラ兵と戦闘は行わない」等の取り決めをしてなんとか解放されたのですが、次の作戦について書かれた重要文書が奪われたとあっては日本軍としては一大事です。すぐに軍全体に伝えて作戦変更を!と行きたいところですが、そうはいきませんでした。

福留繁

写真提供：共同通信社

福留は日本軍の中でも上級の立場であったこともあり、自身の身に起こったことを全て正直には話さなかったのです。福留は「あくまでも現地人に軽く拘束されただけで、敵軍には捕まっていない!」と言ったり、あ号作戦について書かれた文書に関しても「川に投げ入れた」とか「気を失っているときになくした」と証言したのです。

立場がある以上、福留の行動もわからなくはないような気もしますが、事態は深刻です。作戦が筒抜けなので、サイパン島での戦いにおいて、アメリカ軍に先手先手で動かれてしまいます。

アメリカ軍は、日本軍のあ号作戦がサイパン島周辺の島に造った飛行場頼みの作戦であることはわかっていたので、サイパン島に上陸する前に、周辺の島への攻撃を徹底的に行いました。サイパン島に迫ってくるアメリカ軍への攻撃も全て先回りで防がれてしまい、早々に島の飛行場も破壊されたことにより、あ号作戦は実行不可能となってしまいました。

こうしてサイパン島に駐留していた日本軍の守備兵たちは、ほぼ無傷のアメリカ艦隊を相手に防衛を行わなければいけなくなってしまったのです。

加えてアメリカ軍は、サイパン島防衛に回されていた4万人の日本兵をはるかに上回る7万人もの大部隊を上陸させ、一気に勝負をつけようとしました。万全の状態で上陸したアメリカ側はこのサイパン島の占領にそれほど時間をかけるつもりはなく、3日もあれば陥落させられるだろう！との見通しでした。

というのも、この時点でガダルカナル島を始めとした太平洋の島々の多くがアメリカのものとなっていて、日本軍の艦隊は自由に太平洋を航海できないような状態でした。するとサイパン島にも兵器が十分に届きません。

逆にアメリカ軍は、海から豊富な物資を受け取りながら戦闘ができるわけです。機関銃を用意して銃弾も潤沢に用意できてという中で、日本側にはそういった大火力の兵器がなかなか届いていなかったのです。

ですが、そんな状態でも日本軍は粘りを見せます。日本軍が得意としたのは例によって「夜襲」でした。

機関銃を大量に用意してその機関銃から何千発と弾を連射してという戦い方をしてくるアメリカ軍に対して、日本軍は一人一つ銃を持って銃弾も節約して使ってといった状態だったので、見通しのいい昼間の戦場では日本軍には勝ち目がありません。

そこで日本軍は、暗闇での接近戦の訓練を重点的に行ったのでした。この時使っていたのが、ガダルカナル島でも使われていた銃剣です。

夜闇に紛れて敵に見つからないように接近して、ある程度接近したら大声を上げて突撃して相手をひるませ、とにかく銃剣で相手を刺し殺す、という原始的な戦法がここでもとられたのです。満足に兵器のない日本軍が行うことのできる最善の攻撃方法が、銃剣での夜襲だったわけです。

夜襲は一定の戦果は挙げたようですが、沖合にいるアメリカの艦艇から照明弾が発射されるようになり、夜でも島が明るく照らされるようになったことでなかなか成功しなくなりました。

昼間はやられっぱなしで、頼みの夜も勝てなくなってきた……とあって、この時点で勝利が見込めないと判断し、責任を取って自殺する指揮官も少なくありませんでした。

残された兵士たちはというと、指揮官の死で鼓舞されたこともあり、アメリカ軍に最後の突撃を仕掛けていくようになりました。爆弾を抱いて戦車に突撃する「肉弾攻撃」まで行われるようになり、戦場はまさしく地獄の様相でした。

降伏禁止の精神性

ここまで説明した通り、サイパン島での戦いでは、事前に相手の作戦を丸々盗んだり、夜に相手を襲ったりと、戦争なんだから当然何でもありだよね！という様子ですが、実はこの時期の戦争においては、いくつかのルールが決められていました。

戦争中であっても、戦い合っているお互いの国にメリットを生むようなルールについては条約で取り決めがなされていたのです。例えば、あくまで戦争を兵士同士の争いに留めておくという狙いで、戦意のない民間人の虐殺は禁止されていました。また、軍人が民間人のフリをして戦闘することも固く禁止されていました。これをやられてしまうと、民間人と軍人の区別がつかなくなり、民間人でも関係なく手あたり次第に攻撃しないといけなくなってしまうためです。

相手国を倒したい！というのは戦争になればどの国も同じですが、むやみやたらと人殺しをしたい国はないわけです。このようなルールを事前に決めておけば、お互いにいたずらに犠牲者を出さずに済みます。

そういったルールの中に「戦意を放棄して敵国に降伏した者、つまり捕虜となった者に対しては、たとえ敵であっても危害を加えることを禁ずる」というものがありました。つまり「もう勝ち目がないと悟ったら、白旗を掲げて相手国の捕虜となれば、殺されたりはせず保護される」と、戦争中のルールによって保障されているのです。

ですが、日本軍は上司も部下も断固として戦争中「降伏禁止」を貫き、自ら進んで捕虜になることはほとんどありませんでした。こういった日本軍の「決して敵に降伏せず、捕虜にも絶対ならない！」という思想は、世界的に見てもかなり特異なものなのです。

実はこういった、軍内で降伏禁止の命令が出ること自体はそれほど珍しいことではありません。兵士が簡単に降伏してしまうともちろん戦線はすぐに崩壊してしまうので、特に劣勢になった軍隊ではよく降伏禁止の勧告が出されます。

序盤にマレー半島で日本軍からの猛攻を受けたイギリス軍や、主にヨーロッパで戦っていたドイツ軍などでも、本国から降伏禁止が言い渡されていました。ですが、イギリス軍やドイツ軍の場合は、この降伏禁止命令は現場指揮官の判断で破られ、両軍とも最終的には降伏しており、日本軍ほど降伏禁止命令を頑なに順守することはなかったのです。

ソ連や中華民国の軍隊では、現場の部隊に降伏をさせないために、降伏しようとしたり逃げようとした味方を後ろから攻撃するための部隊が配置されていました。味方に味方を撃たせてまで、降伏禁止を徹底しようとしたのですね。逆に言うと、こうまでしないと、現場の兵士というのは恐怖や苦痛であっさりと敵に降伏してしまうものなのです。

日本軍が特殊なのは、こういった物理的な強制力が働くことがなくても、現場の指揮官は断固として撤退命令を出さず、部下たちも自爆攻撃をしてまで絶対に降伏しないという態度を貫いたことです。降伏禁止の徹底に関しては、他の国と一線を画していたと言えます。

こういった日本軍人の思想のルーツは、様々なところにあるとされています。まず挙げられるのは、太平洋戦争よりおよそ50年前の1894年に起こった日清戦争での出来事です。

日清戦争で日本は相手国である清に勝つには勝ったのですが、捕虜となった日本兵士が日本軍の情報を喋ってしまい、それが軍部の中で問題となったのです。また、相手国の清が降伏した日本兵士を残虐な方法で処刑していたことなどが伝わり、「捕虜になったら恐ろしい目に遭う」という考えが日本軍の中に浸透していたのです。

こうした事情から、軍の上層部は兵士たちに簡単に降伏することのないように求めるようになり、部下としても、捕虜になったら何をされるかわからない！ということで、上層部と現場の兵士の意見が一致して、なかなか捕虜にならない、なかなか降伏しないといった姿勢ができ上がったのです。

また一方で、日本の「武士道」が影響していたという見方もされています。明治時代末期頃から「武士道」というものが「主君に仕えて死ぬことこそが日本人の強さの源である」というように、極端な解釈を受けて広く日本中で認識され始めたのです。

有名なものとして、江戸時代中期の書物「葉隠」の一節に「武士道と云ふは、死ぬことと見つけたり」といった言葉が挙げられます。この言葉は本来「死んでも構わない！といったほどの覚悟を持っていれば、恥をかくような判断はしないものよ！」という意味なのですが、これも曲解されて「死んでこそ、武士である！」というような解釈が広まっていました。

また、武士というものは「偉い人に仕えて戦って報酬をもらう」という、現代でいうところの「傭兵」のような存在です。こういった武士の生き様と「死んでこそ、武士である！」の考えがミックスされて、「主君に仕えて、命を懸ける」という考え方も「武士道」としてもてはやされていました。

太平洋戦争中になると、主君というのは「天皇」となります。この時代の日本において天皇は「日本の全ての統治権を握っている首長」つまり「国家元首」とされていました。王国で言うところの「王様」、帝国で言うところの「皇帝」にあたる立場です。

実際に天皇が日本のことを全て決めていた！というわけではありませんが、太平洋戦争中の日本の憲法、大日本帝国憲法には「天皇は日本の国家元首である」と明記されており、国内で神格化されているような、かなり強い立場でした。そんな天皇に忠誠を尽くして死ぬまで戦う、という考え方をする兵士も多く、断固として降伏が選ばれなかったのです。

このように「敵の捕虜になることは恥である」という風潮はもちろん軍部の中で根強かったのですが、こういった風潮は軍部内だけでなく、民間人にも浸透していました。

戦争中に降伏して一度捕虜になった軍人が日本に帰ってきた時に、その家族ごと村八分にされるような事例も多々起こっていたのです。こういう村で育った子供たちが青年となり戦場に行くことになると、捕虜になってはいけない……自分が捕虜になると家族にまで迷惑をかけるようになる……と思うわけです。

民間人までも降伏を良しとしないといったように、軍部以外からの圧力もあって、日本軍は他国の軍隊とは一線を画する降伏禁止具合だったのです。命が軽視されており許されないことですが、日本軍のような「絶対に降伏しないという信念を持った軍隊」というのは、相手からすると非常に手ごわいのです。

自ら降伏してくることがない。ということはつまり、最後の一人まで文字通り死ぬ気で突っ込んでくるわけです。全滅するまで戦闘が終わらないため、相手に最大限の被害を与えられるのです。相手がどんなに優勢になったとしても、相手は最後の最後まで気を抜くことができません。こうした姿勢は物理的なダメージだけでなく、精神的にも相手に大きなダメージを与えるのです。

こうした「絶対に降伏しない」という精神性のために、物資や兵士が全く足りていない中でも、日本軍はアメリカの予想を上回る戦果を挙げることができたということは押さえておいてほしいです。

最悪の戦場

「武士道」なんて、精神性の話に持っていくとかっこいい気もしますが、実際にサイパン島の戦場で起こっていることは、敢えて強い言葉を使いますが、悲しいほどに滑稽で無残です。

序盤の猛攻撃でハナから勝ち目がない戦場において、上官も自殺してまともに統制も取られていない軍隊ができることは、死を覚悟で「天皇陛下万歳！」と大声を上げながら爆弾を腹に巻いて相手に突撃することだけでした。アメリカ軍はこの突撃を「バンザイ・アタック」と呼びました。日本兵は「天皇陛下バンザイ！」と叫びながら突っ込んでくるのですが、「天皇陛下」の部分はアメリカ人にはうまく聞き取れなかったため、聞き取れた部分だけで「バンザイ・アタック」と呼び名がつけられたのです。

こうした狂気の沙汰ともいえる日本軍の徹底的な反撃にてこずり、結果としてアメリカ軍はサイパン島上陸作戦によって5000人もの死傷者を出しました。結果から見ると、3日で攻略できると高を括っていたアメリカ軍相手に、日本軍は1ヶ月近く持ちこたえたのです。

ですが、むしろ戦局が長引けば有利になるのは、サイパン島の周りの海を押さえて、十分な補給を受けながら戦っているアメリカ軍の方です。

結局サイパン島での戦いで日本軍は壊滅し、気絶していた時に図らずとも捕虜になった者を除いて、兵士の99％が戦死するという結末を迎えます。

こうして日本兵たちは悲惨な死を遂げたのですが、サイパン島での悲劇はこれだけではありません。サイパン島の戦いにおいては、軍人だけでなく多くの民間人が命を落としているのです。

というのも、サイパン島を含むマリアナ諸島は太平洋戦争が始まる前から日本領だったため、多くの民間人が住んでいたのです。

これらの島々は、元々ドイツが占領していたのですが、第一次世界大戦を戦勝国側として終えた日本が、敗戦国となったドイツから没収する形で太平洋戦争以前から統治していたのです。日本はこういった島々において、日本本土同様に発展させることを目指して、学校や病院、その他インフラの整備などを行うと同時に、多くの日本人を本土から移住させていました。そのため、およそ3万人の民間人が暮らしていたのです。

こういった離島が戦地となることが予想された場合、海軍が輸送船を出して民間人は安全な島に避難させるのが一般的なのですが、アメリカ軍の進軍が予想以上に早かったため、サイパン島では民間人全体の半分ほどしか脱出させることはできず、全員の脱出を完遂させる前にアメリカ軍が上陸する形になってしまったのです。

残された民間人はただ避難しているだけではありませんでした。日本軍の方から「軍と一緒に戦え！」という指令が出ていたのです。先述の通り、戦争中のルールとして、基本的に戦争において民間人を殺すことは禁止されています。ですがアメリカ人から見たら、この日本人は軍人で、この日本人は元々住んでいた民間人が武装している人、という区別はつかないわけです。

襲ってくる民間人に対して、アメリカ軍は容赦なく攻撃を仕掛けました。大して訓練もしていない民間人は、最新式の兵器を惜しみなく使ってくるアメリカ軍にあっけなく殺されてしまいました。

戦場に赴いていったのは主に成人男性ですが、残された家族も悲惨な死を遂げています。「降伏するのは恥である」「捕虜となったらひどい扱いを受ける」という考えは民間人たちにまで広く浸透しているわけです。そのためサイパン島では、戦闘に参加しなかった女性や子供を中心に北端の岬から身を投げて、およそ1万人が命を落としたのです。

サイパン島は日本軍にとっても民間人にとっても最悪の戦場となりました。最終的に結果を見てみれば、アメリカ軍のサイパン島への侵略に対して日本軍は惨敗し、絶対国防圏内への進軍を許してしまったということになります。

こうして絶対国防圏内にあるマリアナ諸島がアメリカの手に渡ると、アメリカは当初からの目的であった、「戦略爆撃」の準備を進めます。

アメリカ軍はサイパン島にすぐさま飛行場を築くと、サイパン島が陥落した3ヶ月後には大型の爆撃機B—29を配置し、東京への爆撃を開始しました。マリアナ諸島に飛行場を建設されたことで、日本の主要都市の多くがB—29の航続距離内に入ってしまい、いつでもアメリカ軍による爆撃が可能になったのです。

こうして、これまでは太平洋の向こうで行われていた戦争は、一気に日本本土の人々の生活や生命を脅かすものへと変化したのです。

第四章

日本国民の命を脅かす戦争へ

硫黄島

マリアナ諸島の次にアメリカ軍が目をつけたのは、硫黄島です。

硫黄島は、東京からほぼ真南におよそ1200㎞離れた場所に位置するごくごく小さな島です。面積は23㎢ほどで、およそ皇居10個分の広さです。硫黄島はまだまだ活動中の火山島で、硫黄を含んだ火山ガスが至る所から噴出しており、島全体で硫黄の臭いがするため、硫黄島と呼ばれています。

アメリカが硫黄島に目をつけたのは、マリアナ諸島を飛び立つ爆撃機の護衛機を飛ばすためです。

マリアナ諸島で日本軍が大敗したことによって、「ここから先にアメリカの基地ができると、そこから爆撃機を飛ばされて日本本土が爆撃を受ける」という範囲、「絶対国防圏」の内側がアメリカのものとなってしまいました。

ですが、こうして日本本土が爆撃され放題に……となったわけではありません。

この時点で、やっとアメリカ軍はマリアナ諸島まで戦線を押し上げた、というところなので、マリアナ諸島の一寸先は日本の領土という状況です。するとマリアナ諸島を飛び立った爆撃機は、すぐに日本が支配する海の上を飛ぶことになってしまいます。

この時アメリカが爆撃に使用していたのは、先ほども紹介した最新鋭の大型爆撃機B—29です。B—29には最新のエンジンが積まれていて、かつ多くの燃料を搭載できたので、かなりの長距離飛行を行うことができました。

ですが航空機は、大きくなればなるほど動きは鈍くなります。B—29はあくまで地上への爆撃に特化した爆撃機なので、空中での戦闘力は極めて低いのです。B—29だけで単独飛行させると、日本本土を爆撃する前に、日本の航空機部隊によって簡単に撃ち落とされてしまいます。

そのため基本的にB—29は、相手の航空機と戦うための護衛の航空機、いわゆる「戦闘機」と一緒に飛行します。

こうなった時に問題が発生します。最新のエンジンを積んで燃料も豊富に搭載できるB―29は、悠々マリアナ諸島から日本本土を爆撃して帰ってこられるのですが、護衛の戦闘機はそこまでの長距離飛行ができないのです。

戦闘機は、空中で相手を追い回したり、不規則に飛んで相手から逃げたりするため、機動性が重要になってきます。機動性を確保するためには、機体を軽くする必要があるので、戦闘機は燃料をたくさん積めるような設計になっていません。そのため、戦闘機が飛べるのはせいぜいB―29の航続距離の半分くらいだったのです。

B―29で日本本土を爆撃したいけど、一緒についてきてくれる戦闘機がいない……という状況なわけですが、そこで目をつけられたのが、マリアナ諸島と日本本土の間に位置する硫黄島なのです。

硫黄島に飛行場を建設すれば、マリアナ諸島から出発したB―29が硫黄島の上を通るのに合わせて戦闘機を飛ばすことができます。硫黄島を出発して硫黄島に

マリアナ諸島と日本本土のちょうど間に位置する硫黄島

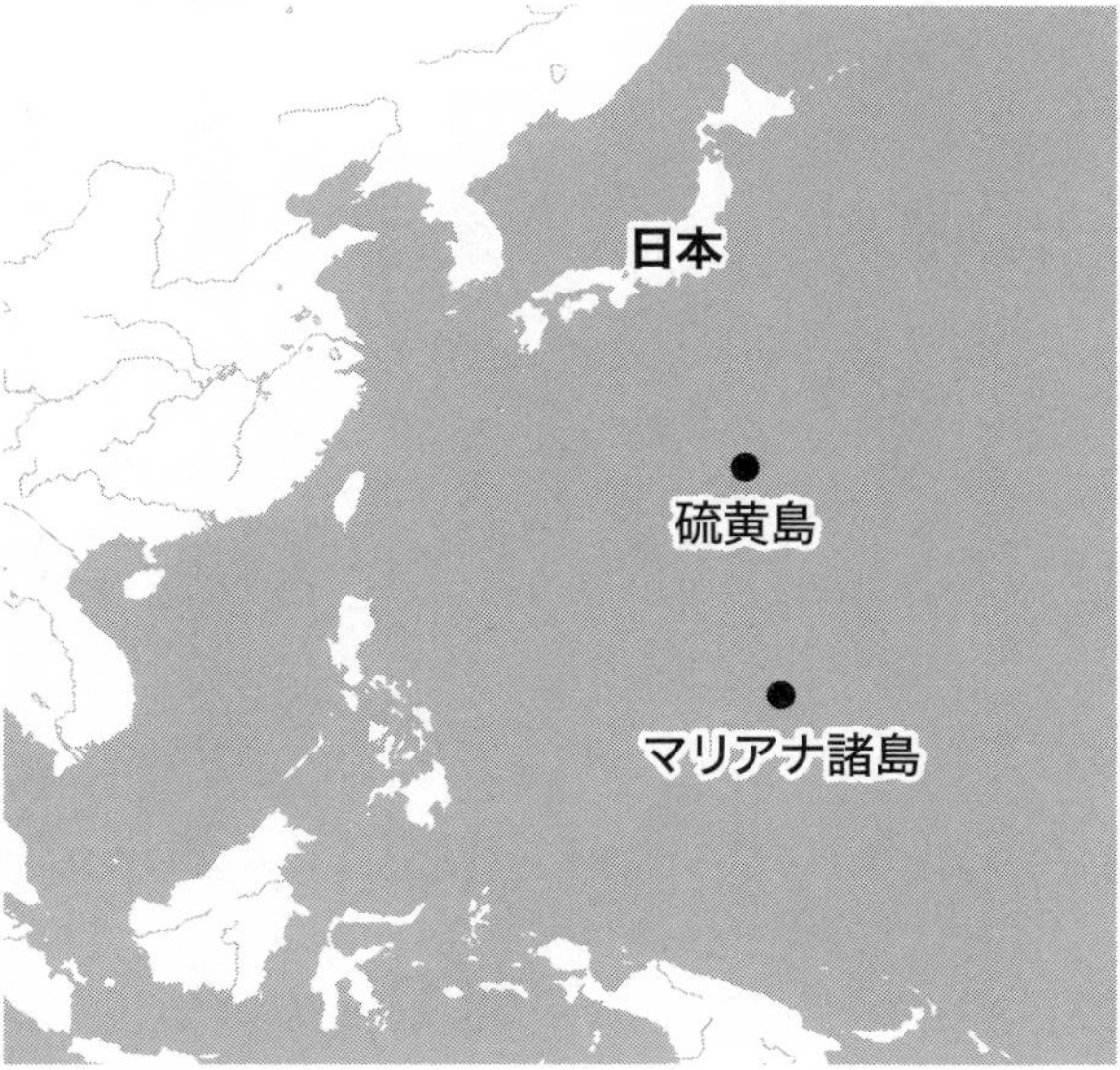

帰ってくるようにすれば、短い距離しか飛べない戦闘機も問題なくB—29護衛の任務に就くことができます。

マリアナ諸島がアメリカ軍の日本本土爆撃の最大の拠点である。でもそれだけでは心もとない。マリアナ諸島と日本本土の間にある硫黄島があればマリアナ諸島からの日本本土爆撃がかなり盤石になる。ということです。

日本本土爆撃を盤石なものとするために、アメリカとしては何としても勝ち取りたい！という硫黄島ですが、日本にとっても硫黄島は非常に重要な島でした。

硫黄島に設置された飛行場から戦闘機を飛ばして上空のB—29を攻撃したり、B—29が通過したことを本土に知らせて迎撃の準備を整えさせたりと、本土防衛のための重要な役割を果たしていたのです。日本も日本で、日本本土を防衛するために絶対に守りたい島という認識でした。こうして、ごくごく小さな硫黄島をめぐって大激戦が繰り広げられることになるのです。

地獄の持久戦

硫黄島における日本軍の作戦は「持久戦」でした。これはつまり、日本軍の硫黄島での戦いの目標が「アメリカ軍に勝利する」というものではなく、「アメリカ軍との戦いを可能な限り長引かせる」と決められたことを意味します。

ミッドウェー島での敗戦から、ガダルカナル島、マリアナ諸島と、ここまで負け続けている日本軍には、硫黄島から戦局をひっくり返してアメリカに勝利する！というビジョンはすでになかったのです。硫黄島がアメリカ軍に奪われるのは確実だけど、どうせ奪われるなら可能な限り時間を稼いで、日本本土での防衛を整える時間を作ることが、今できる最善手であると判断されたのです。

つまり、アメリカ軍が硫黄島に上陸してくるのを食い止めることは諦めて、上陸して進軍してきたアメリカ軍を待ち伏せて総攻撃する戦法が取られたのです。

具体的には、まず硫黄島全体に強固な地下陣地が築かれました。硫黄島の地下をみんなで掘っていって、地下に拠点を作って、そこでアメリカ軍を待ち伏せるようにしたのです。地上で戦うことをせず地下で待ち伏せすると、アメリカ軍が日本軍を探して地下まで隈なく探索することになるので、時間を稼ぐことができます。

また、時間稼ぎが大目標なので、硫黄島での戦いでは、死ぬことを前提として「天皇陛下万歳！」と大声を上げながら突撃していく、いわゆる「バンザイ突撃」は禁止されました。サイパン島では大戦果を挙げたバンザイ突撃ですが、硫黄島での戦いにおいては、捨て身の突撃によって一度に大ダメージを与えることよりも、可能な限り長く生きて、戦いを少しでも長期化させることが重要視されたのです。

加えて、どんなに劣勢になっても、割り当てられた自分の陣地から決して出てはいけない、とも命令されていました。つまり、むやみな突撃だけでなく、陣地を捨てての撤退も許されなかったのです。硫黄島は非常に小さな島なので、撤退して豊富な物資がある別の陣地で仕切り直す！ということができません。劣勢になった陣地を放棄して後ろの陣地へと下がっていては、すぐに全軍が島の隅に追い詰められてしまいます。

つまり硫黄島の兵士は、前への突撃も後ろへの撤退も禁止され、最初に与えられた陣地で最後まで戦い切るよう厳命されたのです。このように、「硫黄島を守るため」ではなく、あくまで「アメリカ軍に奪われるまでの時間稼ぎのため」に戦うと割り切ったことによって、硫黄島は泥沼の地獄の戦場と化すのです。

硫黄島での戦いは時間稼ぎ！と割り切って地下の陣地を築くことに全力を挙げていた日本軍でしたが、そんな日本軍に対してアメリカ軍はそれほど脅威を感じていませんでした。というのは、これまで激戦を繰り広げてきたガダルカナル島、マリアナ諸島などと比べて、硫黄島はあまりにも小さく、一部を除けば真っ平らな島だったためです。

防御をする日本軍にとって、でこぼこした地形は盾となります。敵の攻撃を防ぎ、相手がいくら多くてもその陰に隠れながら戦うことができます。ですがほぼ真っ平らで遮蔽物のない硫黄島においては、ただただ多くの兵士でゴリ押しした方が勝つ、という数がモノを言う戦いになりやすいのです。

アメリカ軍は事前の偵察によって硫黄島の地形を把握しており、ただの平べったい島である硫黄島においては、ここまで勝利続きで元気な兵士がたくさんいるアメリカ軍が数で押し切って、負け続きでボロボロの日本軍を圧倒する、と予想していました。

ですがこういったアメリカ側の判断は、航空機によって行われた空からの偵察によるものです。そのため、アメリカ軍は日本軍が造っている巨大な地下陣地の存在を掴み切れていませんでした。

これは日本軍の作戦で、地下を掘る時に出てくる土や岩を地上に山積みにすることなく、箱などに入れて隠しておいて夜に海に投げ捨てる、という方法で掘り進めていたためです。明るい昼間に空から偵察が行われることを想定して、日本軍はこのような方法をとったのでした。

1945年2月19日、日本側の作戦にまんまとハマった形で、地下陣地の存在を知らないまま、「硫黄島の攻略は5日で終わる」という余裕の目論見の下、アメリカ軍は2万人を動員して硫黄島上陸作戦を開始しました。

基本的に敵軍の上陸時には激しい戦闘が繰り広げられるのですが、硫黄島での日本軍の作戦は「持ち場を離れず、持ち場を堅守」です。上陸に対しての日本軍からの攻撃はほぼ皆無で、アメリカ軍の中からは、もうすでに日本軍は壊滅しているんじゃないか、という声も上がるほどでした。

アメリカ軍上陸後も日本軍は持ち場を離れず、決して無理はせず、可能な限りの攻撃だけを行うことを徹底しました。

明るい昼間は陣地から出ずに銃口だけを出してアメリカ軍を攻撃し、視界の利かない夜になってから地上で野宿をしているアメリカ兵に襲い掛かり、反撃を受ける前に陣地に逃げ帰ってくる、という戦術を徹底しました。

アメリカ軍にとって日本軍の攻撃とは「天皇陛下バンザイ！」と大声を上げながら行われるという認識だったので、この静かな夜襲はアメリカ軍の不意を突く形になり、そこそこの戦果を挙げていました。

とはいえ昼間はアメリカ軍の独壇場です。アメリカ軍は日本軍を圧倒的に凌駕する量の物資と、最新兵器をそろえて攻撃を行います。大量生産された戦車を先頭に、歩兵は火炎放射器や手榴弾をそろえていました。

対する日本側は、ここまでの戦いでやられっぱなしで、銃の弾も惜しむほどに物資が足りていませんでした。相手の戦車を止める方法など持ち合わせていないわけです。戦車を盾に前進したアメリカ軍の歩兵たちは、日本軍が潜んでいそうな地下につながる穴を見つけると、そこに火炎放射を浴びせたり手榴弾を投げ込んだりして、地道に地下陣地を一つ一つしらみ潰しにしていきました。

こうなってくると、地下で待ち構えている兵士たちはかなりの精神的苦痛を味わうことになります。持久戦を掲げている以上、バンザイ突撃などの派手な方法で反撃することもできず、日中はただただ地下の陣地でアメリカ軍に殺されるのを待っている、というような状況になるわけです。

待っているだけでも、兵士たちは消耗していきます。

硫黄島では、地面を掘っても飲み水は出てきません。硫黄の混じった海水しか出てこないのです。加えてあちこちから高温の硫黄ガスが噴き出すため、地下は非常に暑く、気温は60℃を超えます。もちろんそんな厳しい環境では生き物もほとんどおらず、食糧の現地調達はほぼ不可能でした。

そうなってくると、一つの陣地に居られる人数が限界を迎えてきます。陣地にある貴重な食糧や水を減らさないために、助かる見込みのない重傷兵を追い出したり、逆に兵士を減らすために動ける兵士にあえて突撃命令が出されたりといった感じで、陣地内で意図的に「人数減らし」が行われるようになってきたのです。

こうして陣地から追い出された兵士を待っているのは、何の遮蔽物もない真っ平らな大地なわけです。

アメリカ軍の目標は、飛行場を安全に使うために硫黄島にいる日本兵を全滅させることです。日本軍を一人残らず始末するためにアメリカ軍がパトロールしている中、陣地を追い出された兵士が地上をノコノコと歩き回ることはできません。隊列も組んでいない兵士が一人で銃剣を持っていたところで、撃ち殺してくださいと言っているようなものです。

そんな中で彼らが生き残る方法は「死んだふり」しかありませんでした。地上には大量の死体が転がっています。兵士たちはこういった死体をかき集めてその中に潜り込んで昼間をやり過ごすというあまりにも痛ましい方法で何とか生きながらえたのです。そうして昼間を過ごし、夜になって視界が利かなくなったところで、わずかな水や食糧を求めて動き出したのでした。

とはいっても、水も食糧も、地上はおろか、運よく味方の陣地にたどり着いてもまともなものはありません。兵士たちは落ちている空薬莢に溜まったわずかな雨水を飲み、死体に湧く蛆を食べて命を繋ぐのが精一杯でした。

地上の兵士は地獄のような日々を送っていたのですが、それは地下陣地内も同じでした。基本的に兵士の死体は回収できる範囲で陣地に回収して葬るのですが、煙によって敵に見つかる可能性があるため、火葬はできません。

かといって、陣地の奥で放っておけば腐って伝染病の温床になり、傷口から感染るような病気が蔓延して、他の兵士まで次々と死んでしまいます。そのため、日本のために必死に戦ってきた兵士の死体は陣地の入り口に積み上げられて入り口を隠すためのカモフラージュに使われたり、そのまま放り出され、陣地から追い出された人の隠れ蓑になったりしたのです。

そんな過酷な状況での戦いが長引くと、兵士たちは次第に精神をすり減らし、我を失っていきます。陣地の中では水や食糧の奪い合いによる同士討ちが多々発生しました。それだけでなく、怪我が痛いと騒ぐ仲間を撃ち殺す、誰かが陣地から出て行こうものなら陣地の場所が漏れるのを防ぐために後ろから撃ち殺す、というように、もはや誰が敵で何のための陣地なのかもわからない最悪の状態になってしまいました。

こうした硫黄島での日本軍の具体的な状況がわかってきたのは、太平洋戦争が終結して50年以上経ってからのことです。硫黄島での戦いに参加した生き残りの日本兵たちは、最近まで頑なに硫黄島の状況を語らなかったのです。

その理由は、「間違っても、自分の親に『戦地で味方を殺した』『死体の埋葬もせずにその死体を漁ったり利用したりして生き延びた』なんて言えるわけがない」「死んでいった戦友の遺族に『同士討ちが多発した』『あなたの家族は味方に撃たれたかもしれない』なんてことは言えない」といったものでした。

戦争を知らない世代が増えたことで、悲惨な戦地の現状を事実として継承しなければならないという思いを抱えた戦争の経験者の方々が、最近になってようやく重い口を開き始めたのです。

このように、実際の戦地での様子というのは現場に居合わせた人間から伝えられて初めて明らかになるのです。

そのため、アメリカ兵から伝わった「硫黄島の戦い」はまた全く違った様相なのです。

アメリカは逃げ惑う日本兵をしらみ潰しにしていっただけでしょ?と思うかもしれませんが、これこそがかなり精神的にキツいのです。

陣地に立てこもっていた日本兵に対しては催涙ガス、窒素ガスなどの各種ガス攻撃、火炎放射による焼き討ち、ガソリンを混ぜた海水を流し込んで火をつける火攻め、陣地の入り口の埋め立てなどの方法で殲滅が図られました。

これらの方法は、遠くにいる軍艦を沈めたり、相手の航空機を撃ち落としたりという戦闘ではなく、あまりにも生々しい一方的な殺戮です。戦場の兵士も一人の人間です。敵とはいえ、地下陣地でヘロヘロになっている人間に対して、さらなる追い打ちをかけて自分の手で一方的に苦しめるのは決して気分のいいことではありません。

硫黄島での戦いはアメリカ兵に大きな精神的苦痛を与え、この戦場で生き残った多くのアメリカ兵が戦場のトラウマ、いわゆるPTSDに悩まされたといいます。

いつ死ぬかわからないという極限状態で地下に立てこもる日本軍、心を痛めながらしらみ潰しに日本兵を駆逐するアメリカ軍、というどちらにとっても地獄の戦場となったのが、硫黄島なのです。

最終的には、「5日で陥落できる」というアメリカ軍の目論見は大幅に外れて、戦闘開始から1ヶ月ほど経ってようやく硫黄島での戦いは終結します。

日本軍の当初の目的であった時間稼ぎは達成されたわけですが、時間を稼いでも完敗したことには変わりありません。硫黄島がアメリカ軍の手に渡ってしまい、マリアナ諸島から飛び立った大型爆撃機を硫黄島から飛ばした戦闘機で護衛する、という状況ができ上がってしまったわけです。ここから日本本土への爆撃が本格化していきます。

国際法と本土空襲

巨大な機体に大量の燃料と大量の爆弾を積むことができるB―29をマリアナ諸島から飛ばして、硫黄島から護衛の戦闘機を飛ばすことのできる状況を整えたアメリカは、いよいよ日本本土への大規模な爆撃を開始します。

「空」から大量の爆弾が「襲」ってくるということで、こういった爆撃を「空襲」といいます。

日本本土への空襲は、戦争を終わらせるために実行されました。

先に何度か触れた通り、この時代の戦争というのは、戦場の兵士と本国にいる国民が一丸となって勝利を目指さないと勝ち目はないという「総力戦」です。

つまり、戦地にいる兵士が頑張っているだけではこの時代の戦争には勝てないのです。戦地で使用する多くの兵器や弾薬、軍服や軍靴といった物資を用意できなければ兵士たちは戦いを続けることができません。そのため、国民全体が戦争のために工場などで働いて物資を提供していたのです。戦地で戦っている兵士と国で物資を生産している国民の協力があって、初めて戦争で勝利することができるのです。

兵士の育成や武器の生産は本土でなされているので、いくら戦地で敗北を重ねていても、本土が無事であれば、新しい兵士や兵器が本土から次々やってきます。

そのため、この時代の戦争を終わらせるためにキモとなるのは、敵国の本土を空襲して戦力の源を破壊することなのです。戦地にいる軍隊に対してではなく、その力の源である本土の兵器工場などの物資生産拠点を潰せば、戦地の兵士は物資不足に陥っていずれ戦えなくなります。

また、本土への空襲が本格化すると、戦争継続のために働いている国民に直接被害が及ぶことになります。頑張って戦争のために働いているのに、そのせいで自分の街が空襲で焼き払われてしまった……となると、国民全体に「戦争反対」という空気が流れて、戦争に非協力的な国民が増えて物資の生産が滞り、それはそれで戦争が継続できなくなってしまいます。

太平洋上での戦いに勝ち続けたアメリカは、日本本土空襲を行うことによって、ついに戦争を終わらせるための最後のピースをはめようとしてきたわけです。

ですがこういった相手国の本土への爆撃は、戦争中の非常にグレーなところなのです。

第三章でも触れた通り、戦争にもルールがあります。この頃には、ヨーロッパで起こった戦争の反省を踏まえて「戦争中であっても、一般市民を攻撃に巻き込んではいけない」という国際法が存在していました。

そのルールに照らし合わせると、いくら戦争を終わらせるために有効だとしても、一般市民のいる日本本土をむやみやたらに空襲することはできないわけです。

ですが、この国際法には厄介な「続き」がありました。民間人に対する無差別攻撃は禁止している一方で、「空襲によって破壊したことにより、明らかな軍事的利益をもたらす場合は攻撃してもよい」とも書かれていました。つまり、民間人の住んでいる都市に存在している軍需工場、つまり戦争で使うための物資を生産している工場に対する攻撃は認められていたのです。

とはいえアメリカの本土空襲では、多くの一般人の民家が焼き払われています。え……それは完全に国際法違反でしょ！どう考えても民間人への無差別攻撃じゃん！と思うところですが、これに関してアメリカは、独自の解釈で国際法違反ではない！と言い切ります。

というのも、当時の日本では軍需工場だけでなく、一般家庭でも「内職」という形で兵器に使われるネジなどの基礎工業製品が作られていたのです。工場でなくてもできる作業については、自分たちが住んでいる家でなされていたのですね。アメリカはこれを拡大解釈して、家でも兵器の部品とか作っているなら、その家を攻撃するのも工場を攻撃するのと同じだよね！と解釈したのです。

ですが、どの家で内職をしていてどの家で内職をしていないのかなんてことはわかりません。では仕方がないから、あやしい家は全部焼き払ってしまってもいいよね。というトンデモ解釈がなされたのです。

そんなこじつけみたいな解釈が許されるのかよ……と思うかもしれませんが、そもそもこの国際法というのは非常に微妙な立ち位置で存在しているのです。「日本に対するアメリカの攻撃は国際法に反している！」と言い出すことができるのは、アメリカとも日本とも利害関係のない完全なる第三者的な国だけです。ですがこの時期には、そういった国は存在していないのです。

この、アメリカvs日本の太平洋戦争というのは、第二次世界大戦の一幕だと最初に説明しました。一対一の戦争ではなく、世界中の国が敵と味方に分かれて行われているのが「世界大戦」なので、世界大戦中に第三者は存在しえないのです。もちろん少々の中立国はありますが、基本的にはこの世にはアメリカの味方をしている国か、日本の味方をしている国のどちらかしか存在していないわけです。

ルールを順守しよう！と中立の立場で意見を言える国がない状態なので、国際法もしっかり機能しているとは言い難いのです。

第三者が国際法を持ち出すこともできないとなると、大事なのは戦争当事者同士の言い分だけになってしまいます。

アメリカとしては、かつて日本が戦争中に中国の都市を爆撃した際も同じように高高度から爆撃して、爆撃目標以外にも被害を出したという過去を踏まえて、「昔日本も中国に対してやってたんだから、自分がやられても文句は言えないよね」という言い分で無差別爆撃を進めていたのです。

なんという非道！アメリカ許せない！と思うかもしれませんが、アメリカ側の声を聞くと、ただ単に日本を苦しめるためだけにこじつけの虐殺を行ったとも言えない状況が見えてきます。

日本本土への空襲を指揮したアメリカ軍のカーチス・ルメイという当時の指揮官は「日本人を殺すことについて大して悩みはしなかった。私が頭を悩ませていたのは戦争を終わらせることだった。日本の降伏を促す手段として火災しかなかったのだ」と述べています。

つまり、アメリカとしてもむやみやたらに民間人を虐殺したかったわけではなく、ただただ戦争を終わらせたかったと主張したのです。

またルメイは部下の兵士に向けて「戦争とはどんなものか教えてやろう。戦争は全て道徳に反するものなのだ。君たちは人間を殺さなければならない。そして、できるだけ多く殺したときに、敵は戦いをやめるのだ」とも語っています。

こうしたアメリカ側の声を聞くと、アメリカ軍も決して人間の心を失った鬼畜であったわけではなく、民間人虐殺が非人道的であるとは理解していたものの、戦争を終わらせて自国の兵が死ぬのを抑えることを最優先させたゆえに空襲を行ったということがよくわかります。

人間を殺したがっている人間はいません。ですがひとたび戦争が起こると、敵国の国民を殺さなければ自国の国民が死ぬ、という状況になってしまうのです。自国の兵士や国民の犠牲を一人でも少なくするために、相手の兵士や国民を、たとえ民間人であっても一人でも多く殺す、ということになるのです。

その結果、最新の技術が人殺しのために使われ、都市を丸々燃やし尽くして何の罪もない民間人が殺されるという恐ろしい事態になってしまったのです。

沖縄戦

日本本土への空襲を行いながらも、アメリカ軍は太平洋での進軍を緩めませんでした。戦争が終盤になってくると、ソロモン諸島、ニューギニア島、フィリピン、台湾と攻めていき、アメリカ軍は島伝いにどんどん日本本土へと迫ってきていました。

ここまで近づくと、とうとうアメリカ軍の日本本土上陸が見えてきます。日本本土にほど近い島に部隊を集結させて、一気に大量の陸上部隊で日本本土に攻め込んでくるという最悪のシナリオが現実味を帯びてきていたのです。日本本土への空襲が行われている中、実際にアメリカ軍が日本本土へと攻め込んできたとなると、いよいよ日本の降伏も現実的なものとなってきます。

そんな中、次のアメリカ軍の標的となったのは、沖縄です。沖縄は、今までアメリカの手に渡った島々と日本本土の間にある最後の大きな島です。そのため、日本からすると、アメリカ軍の日本本土上陸を食い止める最後の拠点として極めて重要な島でした。

そんな沖縄について当初日本軍は「沖縄からたくさん戦闘機を飛ばして、空からアメリカ軍を迎え撃とう！」と考えていました。そのため、沖縄が戦場となる前から、沖縄には大量の飛行場が造られていました。

飛行場といっても、軍用の飛行場というのはそう立派なものではありません。とにかく航空機が離着陸できる平らな地面を作ればいいわけです。生えている木を切ったり岩を砕いて除去したり、土をならしたりすれば飛行場は完成です。ですが、掘削機やブルドーザーなどはないため、こういった飛行場の建設はほぼ人力で行わなければならず、人手はかなり必要になります。

そこで駆り出されたのが沖縄に住んでいた民間人です。日本勝利のための飛行場建設である！民間人も手伝うように！という指令が日本軍から出されており、沖縄では約5万人もの民間人が作業に駆り出されていました。沖縄の人々は、実際に沖縄が戦地と化す前から戦争のために尽力していたのです。

民間人の協力もあって、沖縄には離島にあるものを含めて計18もの飛行場が建設されました。

この飛行場から戦闘機を飛ばして、海上の敵を攻撃したり、島に上陸してきた敵に対して攻撃したりして、沖縄を拠点として太平洋の島々を守る！というような考えだったのですが、沖縄に飛行場を完成させたあと、日本軍は太平洋各地でアメリカ軍に負け続けてしまいます。

すると沖縄の立場は大きく変わってきます。太平洋各地の島々での戦闘で立て続けに負けたことで、物資や兵士を大量に失ってしまい、たくさんの人員や航空機を沖縄に集めて大々的に沖縄を拠点にして戦うことはできなくなったのです。

こういった状況になると、日本軍の中で意見が割れ始めました。

守りに徹してアメリカ軍が沖縄を攻略するまでの時間を少しでも稼ぐのか、それとも沖縄でも決死の覚悟でアメリカ軍を徹底的に攻撃しにいくのか。この「防御重視」か「攻撃重視」かで意見が割れてまとまらなくなってきたのです。

防御派は、ここまで負け続けていて、沖縄だけ奇跡的に勝利できるなんてことはないだろう……どんなに頑張っても、沖縄がアメリカ軍の手に渡るのは時間の問題だろう……となれば日本本土での戦いのために、沖縄では防御を固めて少しでも時間を稼いでもらって、悪いけど沖縄には捨て駒になってもらうしかない……という主張でした。

それに対して攻撃派は、沖縄は大切な日本の一部だろ！沖縄を捨て駒にするなんて、そんなことをしたら他の戦地で亡くなっていった者に対する示しがつかない！沖縄でも派手に戦うべきだ！といった主張で、どちらの意見もわからなくはない……という感じでした。

ですが考えてみると、身を挺しての防御！または身を挺しての攻撃！どっちにするか！といっても、どちらにせよ日本の勝利はないわけです。そもそも勝利というゴールが見えない中で話し合いが行われているので、意見はまとまりようがありません。

正直沖縄まで攻め込まれる想定をしている時点で、99・9％戦争で日本が負けることは確定しているようなものです。ここまで各地の戦いで負け続け、兵器も兵士も失い続けている日本軍が、今から攻めてくるアメリカ軍を全部倒して、失ってしまった太平洋の島々を全部取り返して、アメリカ本土に乗り込んでいってアメリカを制圧！というのは全く現実的ではありません。

つまり、沖縄をめぐっての軍内での話し合いは、「どう勝つか」ではなく「どう負けるか」の話し合いになってしまっているわけです。

どのような作戦でアメリカ軍に勝利するか、という前向きな目標があれば軍内も一丸となって建設的に作戦を立てられますが、誰も日本が勝つための戦術を立てられないとなると、「どのような作戦で勝つか」ではなく「各々がどのように戦ってどのように死ぬか」しか考えられないわけです。

本土での戦いを少しでも有利にするために捨て駒となって散るのが良い！いや、最後まで攻めを貫いて華々しく散るのが良い！というのは各々の「戦の美学」といった次元の話し合いに過ぎないわけです。

こういった様子で沖縄においては、軍の上層部も現地の指揮官も一貫した作戦を立てられないまま、その場その場の美学で戦争をしてしまうことになるのです。こういった軍の判断に沖縄の民間人も大きく振り回されてしまいます。

日本軍の話し合いは一向にまとまりませんでしたが、アメリカ軍は容赦なく沖縄に迫ってきます。

アメリカ軍は沖縄上陸に先立って、沖縄沿岸に膨大な量の艦砲射撃や爆撃機による爆撃を行いました。上陸して戦う前に、安全な海や空から徹底的に攻撃をしておくことで、上陸戦を少しでも有利に進めようとしたのです。

沖縄上陸の9日前にあたる3月23日から、アメリカ軍は戦闘機延べ２０００機を動員して大規模な空襲を行いました。翌日3月24日からは約1週間に渡って上陸予定地の沖縄本島南部の海岸線へ戦艦部隊による艦砲射撃を行いました。この時撃ち込まれた砲弾は10万発以上だとされています。およそ畳一畳につき1発の割合で徹底的に沖縄に砲弾が撃ち込まれました。

こうして念入りに攻撃がなされた後、１９４５年4月1日にアメリカ軍は沖縄への上陸を開始しました。

アメリカ軍は軍艦１５００隻を率いて計54万人を動員しました。今から80年ほど前に、沖縄の澄んだ海を１５００隻もの軍艦が埋め尽くし、美しい浜辺にアメリカ軍の船が次々と乗り上げて、大量のアメリカ兵が沖縄本島に上陸してきたのです。対する日本軍も沖縄におよそ10万人の兵士を派兵しており、沖縄では大激戦が繰り広げられました。

ですが、事前に徹底した陸地への攻撃を行い、一気に超大軍を派遣してきたアメリカ軍の勢いは簡単には止められませんでした。アメリカ軍が上陸してきたその日のうちに、日本軍が造ったいくつかの飛行場は占領されてしまいました。

そうこうしていると、沖縄でも敵に派手に攻撃してナンボ！という攻撃派の考えで様々な攻撃がなされます。

まずなされたのは特攻です。特攻とは、航空機やモーターボートに爆弾を積んでそのまま相手にぶつかって搭乗員の命もろとも攻撃するという、まさしく超攻撃的な戦法です。

ですが、航空機やボートと一緒に乗組員の命まで失うことになる特攻には、もはや合理性はありません。ここまでやられっぱなしだし、ムカつくアメリカ軍に一発派手に攻撃してやればいい！というような全くもって短絡的な攻撃です。

実際に海での特攻では、アメリカの軍艦をほんの4隻ほど損傷させただけで、そのための特攻艇で亡くなった兵士の数は2500人を超えており、到底与えた損害に見合うとはいえません。

空からの特攻では計22隻の敵軍艦に損害を与えるなど一定の戦果はあげていましたが、特攻を実行した航空機は約1700機で、そのうち約1600機が搭乗員と一緒に海の藻屑となりました。

日本の払った犠牲は決して戦果に見合っていないのですが、長期的な勝利が見えないと、ただただ相手に突っ込んでいって死ぬという特攻が戦場で必要以上に美化されてしまい、与えられるダメージは少なくてもどんどん命をなげうっていってしまうのです。

こんな様子でうまくいくのか……と思うところですが、死ぬ気で行けば何とかなる！というのはあながち間違いでもないのです。

順調に上陸し進軍してきたアメリカ軍でしたが、嘉数《かかず》高地という場所で日本軍は猛反撃し、アメリカ軍を苦しめました。

アメリカ軍は大量の戦車を投入していますが、日本軍は爆弾を抱えて体当たりをして戦車を止めるという、いわゆる「肉弾攻撃」を行ったりして、長期的な勝利も見えない中、目の前のアメリカ軍に対して文字通り死ぬ気で戦ったのです。

この時日本軍でよく言われていたのは、「一人十殺一戦車」という合言葉です。アメリカ兵10人を殺すか、戦車1台を撃破するまでは死んではならないという教えです。作戦もなにもあったものではありません。とにかくいっぱい殺せ！そうすれば何とかなるだろう！というわけです。

日本軍は数で圧倒的に劣っているにもかかわらず、アメリカ軍の攻撃に対して必死に抵抗しました。その甲斐あって日本軍は、嘉数高地ではアメリカ軍が投入した戦車30台のうち実に22台を撃破するという大戦果を挙げたのです。

ですが、日本軍の兵士や兵器は減っていく一方で、対するアメリカ軍には絶え間なく援軍が来て、新しい戦車も兵士もどんどん上陸して次々戦線に送られてきます。

じわじわと日本の戦力だけが削られていく形になってしまい、わずかに残った兵士たちも爆弾を抱いて相手に突撃して散っていき、嘉数高地も完全にアメリカ軍の手へと渡ってしまいました。

当初アメリカ軍はこの嘉数高地を2日ほどで制圧する予定でしたが、日本軍の必死の抵抗によって、制圧まで予定よりはるかに長い16日間を要しました。

ですがその過程で、沖縄戦に投入された日本軍の総兵力約10万人のうち、半数を超える6万人が戦死または致命傷を負っており、嘉数での戦いによってアメリカ軍の進軍をかなり遅らせることができた一方で、沖縄戦の日本軍敗北が決定づけられたとの見方もされています。

少々の抵抗はしながらも基本的にはアメリカ軍の上陸から一方的にやられっぱなしの日本軍は、何をしても全く勝てない！こうなったらもう本土決戦までの時間を稼ぐしかない……という雰囲気が全体に広まり、攻撃主体から防御主体の立ち回りになります。

元々首里城の地下に日本軍の司令部が構えられていたのですが、防御を固めるということで、首里城から南に進んだ沖縄本島南端の摩文仁《まぶに》という地域へ司令部を撤退させたのです。

摩文仁の背後は海に面しており、海岸線は30〜40mほどの断崖絶壁が続くので、海からアメリカ軍がやってくることはなく、防御にはうってつけの場所でした。とはいえ、戦線を下げて軍の拠点を構えたところで、できることは時間稼ぎだけです。拠点にこもってアメリカ軍にやられるのを待っているだけです。

アメリカ軍は日本軍の拠点を見つけ次第、ガソリンを流し込んで火をつけたり、毒ガスを用いたりして、一つ一つ潰していきました。

こうして摩文仁に構えた最終防衛線もあっけなく崩壊し、1945年6月30日にはアメリカ軍は日本兵の掃討を完了し、1945年7月2日に沖縄戦の終了を宣言しました。こうして4月1日から始まった約3ヶ月間にわたる激戦は幕を下ろしたのです。

民間人と戦争

沖縄戦によって、日本兵は約7万9000人、アメリカ兵は約1万4000人亡くなりました。大激戦によって日米両軍に大変な被害をもたらした沖縄戦ですが、被害者は軍人だけではありませんでした。

この戦いにおいては、沖縄に住んでいた民間人の被害も甚大でした。民間人は、日米軍人を合わせた犠牲者数を上回る約9万4000人も亡くなっているのです。当時の沖縄の人口は60万人ほどだったので、県出身の軍人などを合わせると、およそ沖縄県民の4人に1人が戦争によって亡くなっていることになります。

ここからは民間人がいかにして戦ったのかを見ていきます。日米軍の間で大激戦が繰り広げられている中、沖縄の市民がどこにいたかというと、ガマと呼ばれる洞窟です。

温暖な気候の沖縄にはサンゴが多く生息していますが、沖縄の地層には、そんなサンゴの死骸が積もってできた石灰岩の層があります。石灰岩は他の地層より水に溶けやすいので、染み込んだ雨水などに石灰岩の層だけが溶けて、地層にぽっかり穴が開いた鍾乳洞と呼ばれる洞窟があちらこちらにでき上がるのです。

こういった鍾乳洞は沖縄の言葉で「ガマ」と呼ばれています。沖縄にはこのガマが2000ヶ所以上あるのです。洞窟であるガマに身を潜めていれば、アメリカ軍の艦砲射撃や爆撃を耐え凌ぐことができます。沖縄が戦地となっている間、市民は自分の家の近くのガマに身を潜めていたのです。

ですが、たしかに艦砲射撃や爆撃はガマで耐え凌げますが、アメリカ兵が上陸してくるとあっという間にガマは見つかってしまいます。アメリカ兵は上陸直後に次々とガマに避難している住民を発見し、「降伏してガマから出て来なさい！捕虜になっても命は保証します！」とガマの外から呼びかけました。

しかしガマの中にいた住民たちは決して降伏はせず、それどころか竹槍を持ってアメリカ兵に向かって突撃して行った者も少なくなかったといいます。これは、日本軍が沖縄県民に対して徹底的な反米教育を行い、アメリカ人への恐怖心を深く植え付けていたためです。

「アメリカ兵は人の心を持たない！捕虜になれば女は凌辱され、男は残虐な方法で殺される！」と教え込まれていたため、沖縄県民はアメリカ軍の言うことなど全く聞き入れなかったのです。

女は凌辱！男は殺害！って何を根拠に……と思いますが、こういった国民への反米教育は日本軍の作戦でした。というのも、日本軍としてはたとえ一般市民であっても捕虜にはなってほしくないのです。捕虜になると、「あそこに大事な工場がある！」とか「あそこに軍人が何人も隠れている！」といったような情報をペラペラとアメリカ軍に喋られてしまうかもしれません。残酷な言い方をすれば、捕虜となって国民の命が助かるよりも、黙って死んでもらう方が軍としては都合がいいわけです。

もちろん自らの意志で「国を守る！」「絶対捕虜にはならない！」と決意して

いた国民もいたのですが、アメリカ軍は鬼畜だ！捕虜になったらとんでもないことになるぞ！と戦略的に軍が国民に宣伝していた影響はかなり大きかったと考えられます。

こういった軍の反米教育も影響して、沖縄の一般市民はアメリカ軍の降伏勧告に一切従わず、逆にガマの中から竹槍を手に突っ込んで行ったわけです。

機関銃や手榴弾で武装したアメリカ軍人に対して、竹槍で応戦するというのはかなり無謀ではありますが、一定の効果はありました。民間人はすぐに降伏に応じるだろうと思っていたアメリカ軍は困惑し、ガマ内の一般市民への勧告の日を改めるようになったのです。

アメリカ兵は一旦ガマから引き揚げていったわけですが、一度アメリカ兵を見たガマの中は大混乱です。ガマの中の誰もが、凌辱され、残虐な方法で殺されるかもしれないという恐怖に震えました。

こうした中「アメリカ兵に捕まって惨い死に方をするくらいなら、自分で死んだ方がマシだ！みんなで一緒に死のう！」という声が上がり始めるのです。

こうして、親が自分の子供を殺して直後に自分も自殺するといったように、ガマ内の人々が包丁や鎌で次々と肉親を殺し合って自決するという「集団自決」が始まったのです。大人も子供も関係なく、敵に殺される前に自分たちで泣く泣く殺し合う、という最悪の状況になったのです。たまたま英語を理解できる人がいて、アメリカ兵のいうことを聞いて全員が大人しく捕虜になったりしたガマもあったのですが、ほとんどのガマで悲惨な集団自決がなされたのです。

ひめゆり学徒隊

沖縄戦で負傷した日本兵は、戦地に設けられた病院に搬送されます。病院といっても地上に建物が立っていたわけではなく、艦砲射撃や爆撃を回避するために洞窟の中に作られたものでした。そのため空気が入れ替わらず、非常に湿度が高く生暖かくなっています。そんな中、負傷した兵士の血や膿、汗、垢、排せつ物の臭いが立ち込めていて、とても病院とはいえない不衛生な状態でした。それでいて病床には、気管を切ってしまって喉からピューピューと息が漏れている人、爆発で下顎を失った人、火炎放射器で全身を焼かれた人など、目を覆いたくなるような重病人が溢れていました。

軍医や看護師は常に不足していたので、日本軍は看護師の補助役を地元沖縄の女学生に担わせていました。

この時駆り出された一番有名な学徒隊が「ひめゆり学徒隊」です。ひめゆり学徒隊は、沖縄県立第一高等女学校と沖縄師範学校女子部の教師と生徒で構成されていました。ひめゆり学徒隊の「ひめゆり」というのは花のヒメユリではなく、沖縄県立第一高等女学校の校友会誌の名前「乙姫」と、沖縄師範学校女子部の校友会誌の名前「白百合」の二つを合せて「姫百合」というのが由来です。

ひめゆり学徒隊の主な任務は、負傷兵に食事を与えたり、排せつの手伝いをしたり、傷に湧いたウジを取ったりといった専門知識や専門技術を必要としない業務全般でした。

そんな中でも大変だったのは腕や脚の切断手術です。洞窟の中に作られた急ごしらえの病院なので、医療設備や薬が乏しく満足な治療はできません。そのため、腕や脚を負傷した兵士は、負傷した部分の壊死の進行を防ぐため容赦なく負傷部を切断されたのです。

洞窟には麻酔も手術器具も満足にありません。ひめゆり学徒隊が患部をろうそくで照らしつつ、軍医がノコギリで切り離すのです。当然患者は激痛に耐えかねて暴れますが、看護師やひめゆり学徒隊が押さえつけながら、なんとか切断手術が実行されたのでした。

こういった手術が次から次へと休みなく続いたといいます。切り離した手足は、雑用係のひめゆり学徒隊がアメリカ軍の艦砲射撃の合間を縫って洞窟の外へ捨てに行ったのでした。

また、ひめゆり学徒隊の仕事に「飯あげ」というのがありました。飯あげとは軍隊用語で、遠く離れた炊事場へご飯を受け取りに行き運び帰る任務のことです。病院には炊事場がなかったので、食糧を調達するためには病院から離れた集落にある調理場まで往復する必要がありました。

この「飯あげ」はいつも死と隣り合わせでした。悪路をおぼつかない足取りで歩いているさなか、アメリカ軍の戦艦からの砲撃や戦闘機による機銃掃射を受けて亡くなった女学生が大勢いたのです。

死ぬ気で戦ってきた兵士のために、民間人であるひめゆり学徒隊も死ぬ気で看病にあたっているという状況でしたが、ある日無情な通達が洞窟内に届きます。

日本軍が戦線を後退するのと合わせて、洞窟内病院も移動するように命令が下されたのです。ですが、自力で歩ける患者はごくわずかで、ほとんどの人は撤退に同行することはできない状態でした。とはいえ重病人をそのまま病院内に残していくと、アメリカ軍の捕虜になって日本軍の情報を漏らす可能性があります。

すると日本軍は、なんと残っている患者たちを一人残さず殺すように指示したのです。このまま放っておいてもいつか死んでしまうような重傷を負った兵士ばかりでしたが、そんな重傷を負ってまで戦ったことを称えられることもなく「捕虜になったら困るから」と、属していた自らの軍によって殺されることが決定したのです。

患者たちには青酸カリ入りの練乳が配られ、自決が強要されました。こうして、日本のために戦った多くの兵士が暗い洞窟の中で悲惨な最期を遂げたのです。

兵士を看取ったひめゆり学徒隊は、軍の撤退と合わせて病院を移り、また新たな兵士の看護にあたりました。すると、沖縄戦も終盤に近付いた6月18日に、ひめゆり学徒隊は突如日本軍から解散を命じられたのです。

解散以外の指示は特になく、これからは自らの判断で行動してください、という投げやりな命令でした。

日本軍としては、これ以上次から次へとやってくる負傷した兵士の面倒を見ていてもキリがない、かといって今まで働いてくれたひめゆり学徒隊をかくまってやろうにもそんな余裕はない、ということで、女学生たちは集められるだけ集められて過酷な環境で働かされ、急に解散を命じられたのです。

そんなことを急に言われても、洞窟病院の外は砲弾が飛び交っていて、洞窟から出ていくことすらできないような状態です。結局ひめゆり学徒隊のほとんどが洞窟の中に留まっていたのですが、そうこうしていると洞窟内にアメリカ兵がやってきました。

アメリカ兵は、洞窟から出て投降しなさい！投降しないとこの洞窟は爆破します！と日本語で呼びかけました。ですが先述の通り沖縄県民には日本軍より「捕虜になれば女は凌辱される」と反米教育がなされているわけです。女学生は誰も外へ出ようとはしませんでした。

結果アメリカ兵は予告通り洞窟内に向けてガス弾を放ち、中にいたひめゆり学徒隊の女学生の多くが息絶えることとなってしまいました。

ひめゆり学徒隊は、陸軍病院に動員された240人のうち半数を超える136人が犠牲になっています。ガス弾を受けた者以外にも、砲弾に吹き飛ばされた者、手榴弾で自爆した者、海に身を投げた者など、何の罪もない多くの女学生の命が失われたのでした。

こういった話のほとんどは、実際にひめゆり学徒隊として沖縄戦に参加し生き残られた方が戦後のインタビューで語ってくれたものです。彼女たちにとっては思い出したくもない記憶ですが、世界でこのような悲劇が二度と繰り返されないようにと、彼女たちが終戦後に自身の壮絶な過去と向き合ってくれたおかげで、今私たちが当時の状況を詳しく知ることができるのです。

鉄血勤皇隊

女学生は兵士の看護にあたっていたわけですが、男子学生は戦地に駆り出されていました。戦地に駆り出された少年兵は「鉄血勤皇隊」と呼ばれました。鉄血勤皇隊は志願制で、14歳から17歳の少年のうち希望した者のみが兵士になれる仕組みでした。ですが、実際は学校ぐるみでの志願だったり、学校や軍が勝手に親権者の代わりに承諾のサインを書くなど、事実上の強制だったといわれています。

元々学生だった彼らはロクな訓練も受けておらず、実戦経験もない中で、だぼだぼの軍服に鉄兜を被り、急に最前線に送られてアメリカ軍の精鋭部隊と戦わされました。

そもそも日本軍の統率がろくに執られていないのに、そこに少年兵を投入したところで焼け石に水です。沖縄戦全体で1780人もの鉄血勤皇隊が動員されたのですが、そのうち半分の890人が戦場で命を落としました。

沖縄戦以前の太平洋戦争は「日本軍vsアメリカ軍だ!軍人さんが頑張って戦う太平洋戦争!」という様相だったのですが、沖縄戦から「日本国民vs戦争」

という構図がハッキリしだします。

沖縄の人々にとって戦争とは、国と国が軍人を戦わせているものではなく、何の罪もない民間人が理不尽に殺され、普段住んでいる街もめちゃくちゃにされ、生活を根底から脅かすものだと深く記憶されているのです。

第五章　終戦への道

まとまらない日本国内

1941年に日本がハワイの真珠湾を攻撃したことから始まった太平洋戦争でしたが、沖縄戦が終結した頃には、日本は太平洋の島々をほとんどアメリカに占領されており、1945年8月の終戦までもう秒読みという状態でした。

ですが、一度始まった戦争はすんなりとは終わりません。戦争というものには、様々な思惑が複雑に絡み合っているのです。

日本の敗戦が予想されるようになってきた頃、まず動いたのは天皇の側近たちです。皇族に関する仕事を行っていた宮内省を始め、天皇の秘書のような仕事をしていた内大臣府、天皇との意見交換を行って天皇を補佐していた枢密院など、この時代には天皇に近い組織に属していた人がたくさんいました。

第三章でも触れた通り、この時代の日本において天皇は、「日本の全ての統治権を握っている首長」つまり「国家元首」とされていました。天皇の権限も大きく、天皇に関わる仕事をしている人も多かったのです。

そういった天皇の側近たちは、アメリカとの戦争で日本が劣勢になっていくにつれて、このままでは天皇という存在そのものがアメリカに消されてしまうかもしれない！と大きな危機感を抱いていました。というのも、歴史を見ていくと、戦争で負けたことにより負けた国の皇帝や王様が無理やり解任させられたり、最悪処刑されたりする例がたくさんあるのです。

戦争で負けて占領されるということは、負けた国の統治権が勝った国に移るということです。負けた国のルールや仕組みは、勝った国とって利益の大きい形に変えられることがほとんどとなります。そんなときに、負けた国を元々統治していた国家元首という存在は当然邪魔になってくるわけです。日本の国家元首である天皇も、戦争で負けた後何事もなく無事でいるとは考えづらいわけです。

天皇の側近たちは、天皇という存在があったからこそ仕事があり、いわば今までずっと天皇という存在を存続させるために働いてきたわけです。天皇の側近たちにとってこそ、天皇という存在はなくてはならないわけです。

また加えて、日本と天皇には切っても切れない関係があります。諸説ありますが、少なくとも西暦700年代の奈良時代からは確実に天皇はずっと日本に存続しています。日本にとって「天皇がいる」というのは当たり前であり、天皇という存在ありきで日本という国はずっと成立してきたわけです。

具体的に天皇という存在が日本からいなくなったら日本はこう変わる！とわかっているわけではありませんが、天皇がいない日本なんて、日本じゃなくなっちゃうんじゃないの？仮に日本の独立が守られても、天皇がいなくなったら、それは日本という国家が崩壊したのと同じなんじゃないの？という不安もありました。

そのため側近たちは、戦争で負けるとしても、なんとかして天皇という存在は守りたい！天皇という存在まで抹殺されてしまうのは絶対に避けたい！と考えていたのです。

負けるとしても、なんとかして天皇の存在を守りたい！となればどうするかというと、戦争を終わらせるためのアメリカとの話し合いの中で、なんとか「天皇という存在を残してください！」と頼み込むわけです。

こうした時に天皇の側近たちが最も避けたいのは、アメリカに完膚なきまでにボコボコにされて、日本側からの頼み込みをアメリカが一切聞いてくれなくなることです。

日本はすでに敗戦濃厚ですが、見方を変えれば、それ以降と比べると今が一番抵抗力がある状態です。今後もアメリカに負け続けていくことが予想されるので、戦争が進むにつれてアメリカ側がどんどん有利になっていき、日本の発言力はどんどん落ちていくわけです。

現時点でアメリカと交渉をしたところで天皇の存在を残してもらえるかどうかはわかりませんが、戦争を止めます！と早く言い出せば言い出すほど、天皇の存在を残すための交渉がしやすくなるのは確かです。そのため、なんとかして今すぐにでも戦争を終わらせて話し合いに持ち込みたい！というのが天皇の側近たちの総意でした。

ですが、では当の本人の天皇はというと、そこまで停戦を急いでいるわけではありませんでした。

戦争中の天皇であった昭和天皇は、戦争開始当初こそ、アメリカと戦争をすることに関して「自滅的だ」「無謀だ」と言って、明確に戦争反対の意思を示していましたが、いざ戦争が始まると、日本軍の活躍を喜んだり、軍の作戦研究を褒めたりと、戦争に対してまんざらでもない様子を見せていたのです。

日本軍がマレー半島進軍を大成功させた時には「十分な研究の成果であろう」と言って日本軍を労いました。さらに、日本が劣勢に回るきっかけとなったガダルカナル島の攻防戦では「その程度の損害で撤退するのは弱いのではないか！」とまで発言しているのです。もっとも、昭和天皇のもとに戦地の正確な情報が伝わっていたのかどうかは議論の余地がありますが、昭和天皇は徹頭徹尾反戦を貫いていたわけではなく、自分の側近たちの意見とは反して、戦争継続派だったのです。

いや、もう日本に勝ち目はないのに、なんで戦争を続けることにこだわるんだよ……という気がしますが、そこには「一撃講和論」という考えがありました。

一撃講和論とは、負け戦の中でもどこかで一発大きな反撃ができれば、今より良い条件で終戦の話し合いを進めることができるかもしれない！という考えです。「一撃」与えてから、戦争を終わらせるための話し合いである「講和」をする、ということで「一撃講和論」といいます。

確かに全体としてはアメリカ有利な戦況でも、どこか一つの島や地域で日本軍が一矢報いるようなことがあれば、アメリカに「これ以上被害を増やしたくない……多少日本の条件を多く呑んだとしても、今のうちに戦争を終わらせておいた方がいいかもしれない……」と思わせることができ、「天皇という存在の維持」という条件も呑んでもらいやすくなるかもしれません。

天皇が戦争継続を主張していたのは、硫黄島の戦いや沖縄戦が起こる前のことです。この時点で日本はかなりの劣勢ですが、「ここから巻き返して戦争に勝利することはなくても、この後の戦場でアメリカ軍に『一発大きな被害』くらいは与えることができるだろう！その後に講和した方がいいでしょう！」と天皇は思っていたのです。

こういった天皇の考えと同じく、天皇よりももっと声高に戦争継続を訴えていた組織があります。日本の軍部です。

軍部と戦争との関係は非常にいびつです。もちろん、今目の前で起こっている戦争で勝利し、戦争を終わらせることが軍部の最終目標ではあるのですが、その最終目標が達成されてしまうと、軍部の日本国内での影響力は小さくなってしまいます。逆に言えば、戦争が続いている限り、軍部は「戦争のため」という形で政治の中心に居座り大きな権力を発揮し続けることができるのです。

例えば、太平洋戦争の発端となった日中戦争は、第一章で解説した通り中国で日本軍が中国軍と小競り合いを起こしてしまったことから始まっています。もっと昔の日清戦争も、清の軍艦が日本の軍艦に向けて発砲してきて、それに反撃するような形で日本の軍艦も発砲したことで始まってしまいました。

つまり、仮にいくら日本政府が「戦争は絶対にしません！」と宣言したとしても、実際に現地にいる日本軍の行動次第で、日本政府の意に反して戦争が始まってしまうわけです。逆に、もし日本政府が戦争を始めたいと思っても、現場の日本軍が全くその気ではなかったら、もちろん戦争は起こりません。そういった感じで、日本の政治判断や外交問題に、軍部がかなり大きく関わってきているわけです。

そのため、戦争が起こりそうなほどに緊迫していたり、実際に戦争が起こっている間は、政治的な判断をする上でどうしても軍部の機嫌を取ったり軍部への忖度をしたりせざるを得ない状況になっているのです。

いや、軍部って日本という国家に属している兵隊さんたちでしょ……日本政府がビシッと言ったらさすがに言うことを聞くもんじゃないの……？と思うかもしれませんが、太平洋戦争が起こる1900年代前半の時期は明らかに日本政府が軍部を恐れていたといえます。

太平洋戦争が起こる以前に、「5・15事件」や「2・26事件」といった、軍人が総理大臣を暗殺しに行くような事件が多発しており、総理大臣であっても軍部に逆らったら暗殺されかねないような状況だったのです。

また、この太平洋戦争の発端となる日中戦争は、中国で日本軍が中国軍と小競り合いを起こしてしまったことから始まったと説明しましたが、軍部が起こした小競り合いによって始まった戦争に対して大量に国の資源が投入されて、かつ負けてしまったとなると、国民から軍部への印象は極めて悪くなります。

戦時中の日本では、多くの一般市民が我慢の生活を強いられています。日本本土においては、食糧や金属などの物資は戦争で戦う軍人のために回収され、一般市民は少ない食糧や物資で何とか一日一日生き延びている状況でした。学校や仕事を休んで、戦争で使う兵器を作るための工場で働いている人もたくさんいました。

みんな自分たちの生活を犠牲にして、戦争のために多大な我慢をしているわけです。

その結果戦争に勝てればいいのですが、国民に苦しい生活をさせながら民間人の犠牲者をたくさん出して、それで負けたとなると、「戦争したがりの軍部は最悪だ！もう軍部の言うことなんて聞かない！」と、国民は軍部に対して大きな不信感を抱くことになります。そうなってしまえば、軍部は発言力を失い、その後政治の表舞台に立てなくなってしまうことは目に見えています。

つまり、戦争で勝利して戦争を終わらせるために存在している軍部ですが、戦争が続いていると良いことがたくさんあり、戦争が終わってしまうと困ることがたくさん出てくるというなんとも難儀な立場なのです。

そうなると軍部が考えることは一つです。「絶対に戦いを止めない！断固として戦争継続！」となるわけです。実際に戦地で戦っている現場の軍部が戦争継続を強く思っていれば、なかなか戦争は終わりません。

そのため、もうこれは勝ち目がないのでは……となっても日本は戦争を続け、「硫黄島の戦い」「沖縄戦」などで、日本軍はアメリカ軍に圧倒的な力の差を見せつけられて、完膚なきまでに大敗してしまったのです。これらの戦いでも天皇が期待したような「一発大きな被害」を与えることはできませんでした。

するとこれらの戦局を見た天皇が動きます。沖縄戦において日本軍の敗北が決定的となった1945年の4月に、天皇はついに「一撃講和論」を諦めて「もうとにかく早く講和をした方がいい」と考え始めたのです。

もはや「一発大きな被害」なんて与えられるような状況ではない。一撃与えて優位に講和なんてことは不可能であり、どうせ一撃も与えることができないのなら、これ以上の被害が出る前にやめた方がいいと判断したわけです。

天皇が、いち早く戦争を終わらせた方がいい！という考えになったことで、日本政府としてもアメリカとの講和を本格的に模索し始めます。こうしてようやく、天皇の側近たち、天皇、日本政府も一丸となって終戦に向けて動き出します。

戦争終結の仲介

そこでこの時戦争を終わらせるために考えられた手段は、第三者の立場にいる国による仲介でした。

日本から「もう戦争を止めましょう!」とアメリカに直接言い出すとなると、「もうなんでも言うことは聞きますから、止めてください」という完全なる下手に出ての交渉になってしまうわけです。

こうなると「日本から言い出してきたんだから、これもこれも言うことを聞いてもらう!」という感じでどんどん要求をエスカレートされても、日本からはなにも言い返せません。日本が「それは約束と違うんですけど……」と言っても、

「日本から降参しますって言ってきたんでしょ？それならまだ戦争する？してもいいんだよこっちは！」とアメリカに言い返され、一方的にアメリカに全てを決められてしまうことも考えられます。

ですがここで第三国に仲介をしてもらうことができれば、最初の約束にないようなことをアメリカが言ってきたら「いやいや、アメリカは最初そんなこと言ってなかったよね！後から付け加えるのは違うでしょ！」というように第三国に制してもらって公平性を保つことができます。

日本が自分から降参を言い出してしまうと、天皇制の維持を主張しても、無理やりなかったことにされた場合になにも言い返せなくなってしまいます。純粋に天皇制が維持できる可能性が低くなってしまうので、第三国に仲介をしてもらって、そこで何とか天皇制の維持を主張し続けるというのが一番よいと考えられたのです。

では誰に仲介を頼もうか……となった時に白羽の矢が立ったのはソ連です。

日本とソ連は「日本に対してソ連は攻撃しない。その代わり日本もソ連を攻撃しないようにする」という「日ソ中立条約」を結んでいました。それでいて、ソ連はアメリカとも協力関係にあり、日本とアメリカどちらにも顔が利く、ちょうどいい国だったのです。

よし！それならソ連に仲介を頼もう！ということで日本政府はソ連と連絡を取っていたのですが、なかなかソ連から芳しい返事は返ってきませんでした。

というのもなんと、ソ連はこの時、日本に攻め入る密約をアメリカと交わしていたのです。先述の通り、やはりこの時代に純粋な第三者国というのは中々存在しないのです。

アメリカは日本と戦いながら、「ソ連が参戦してくれたら、日本との戦いをもっと有利に進められるのに……」と考えていました。

そんな時にソ連が、日本vsアメリカの戦争が終わったら、日本の領土は勝ったアメリカが占領することになるだろうけど、その中にかつて日露戦争で日本に取られてしまった元々ロシア領だったところがあるから、そこの領土はソ連にくれないか？と言ってきたのです。その要請を受けたアメリカは、それならちょうどいい！アメリカの戦線に協力してくれたらその領土あげるよ！ということで、アメリカからソ連へ、対日戦線への参加要請がなされたのです。

こうしてソ連は「日本には攻撃しません」という約束、日ソ中立条約を破って日本と戦うことを決めていたのです。

ですが、このアメリカとソ連の取り決めは公に結ばれたものではなく、アメリカ大統領のルーズベルトとソ連のトップ、スターリンが、自国の議会や国民に内緒で取り付けた約束でした。

文書は残っていますが、あくまでもルーズベルトとスターリンが勝手に結んだもので、極端な言い方をすれば「アメリカ―ソ連」の約束事ではなく、「ルーズベルト―スターリン」の個人的な約束に過ぎなかったのです。そのため日本はそういったソ連側の事情を正確にはつかみ切れていなかったのです。

日本は、戦争終結を仲介してくれる頼みの綱はソ連だ！と息巻いているわけですが、ソ連としては、アメリカと日本を仲介するなんて考えはさらさらないわけです。

こうして、戦争を終わらせるための仲介を頼もうにもソ連との交渉は一向にまとまらず、戦争を続けている張本人の軍部としては、戦争を止めたくない、ということで、日本本土が次々と空襲に遭い、大きな被害を出しながらも、戦争を終わらせることはできなかったわけです。

ポツダム宣言の黙殺

そうこうしていると日本に対して、「戦争を止めないか？」という提案である「ポツダム宣言」が出されます。１９４５年7月のことです。

日本と同盟を組んで一緒に戦っていたイタリア、ドイツが降伏したことにより、アメリカから「残った日本だけを一気に潰しにいく準備は整いました。もういよいよ孤立した日本に勝ち目はないですよ！」と呼びかけられたのです。

アメリカから言ってきてくれたし、ようやくこれで日本も終戦か……と思うところですが、そうはいきません。

問題はポツダム宣言の中身です。ポツダム宣言には「日本は完全に武装解除して降参してください。そうすれば、日本人を奴隷化したり日本という国を滅亡させたりはしません。軍人に関しても、戦争を取り仕切っていた幹部の人以外はみんな各自の家庭に返して平和な生活を送ってもらうようにします」とありましたが、続けて「こちらの言うことに無条件に従ってもらえないようでしたら、速攻で完璧に日本をぶっ潰しますからね」との注意書き付きでした。

注意書きの怖さはもちろんですが、天皇の側近たちが一番気にかけていた「天皇という存在の維持」について一切触れられていませんでした。アメリカの言うことに無条件に従うことが前提になっているので「天皇制は残してください！」

という交渉もできそうにありません。こうなると、ポツダム宣言をすんなりと受け入れるわけにはいきません。

では日本政府はどうしたかというと、なんと、受け入れます！とも受け入れません！とも言わずに、完全に無視したのです。

いやなにか返事をすればいいのに……と思うところですが、「無条件でもいいです！受け入れます！」と言ってしまうと、アメリカが天皇制を残してくれる保証は一切なくなります。それに軍部は現在も戦争継続を主張しているのに、そんな中、日本政府主導で「ポツダム宣言を受諾して戦争を止めます！」と言ってしまうと、軍部から猛反発を受けて、「5・15事件」や「2・26事件」よろしく、総理大臣の暗殺といった軍事クーデターが起きてしまうことも考えられます。

そんな感じで政府と軍部の分断が決定的なものとなると、ますます話はまとまらなくなります。かといって「そんな宣言、受け入れるわけないだろ！」とポツダム宣言を突っぱねると、注意書きの通り「日本に対する速攻で完璧なぶっ潰し」が待っているのは確実です。こうなるともはや天皇制どころか、日本という国の存続すら危うくなってきます。

ポツダム宣言を受け入れるわけにはいかない！でも、受け入れない！と言うわけにもいかない……ということで、日本政府はポツダム宣言に対して、何の返事も返さないといういわゆる黙殺をし、ここにきても日本は自ら戦争を止めることはしなかったのです。

事情が事情だし仕方がないか……という感じもしますが、それは日本側の事情です。アメリカ側からしてみれば「無視したということはつまり、受け入れられませんということだよな……」と当然受け取られます。

こうして、ポツダム宣言に書いてある通り、受け入れられなかった場合の「速攻で完璧なぶっ潰し」が実行されます。原子爆弾、いわゆる「原爆」の投下が実行されてしまうのです。

原爆投下

1945年8月14日に日本は降伏するのですが、降伏の直前の8月6日に広島に、8月9日に長崎に原爆が落とされたのでした。原爆投下によって、広島では14万人、長崎では7万人の民間人が命を落とし、日本は壊滅的なダメージを受けました。

アメリカは当初の原爆投下の予定地として、京都、新潟、広島、小倉の四つの都市を選定していました。もちろんそこには多くの一般市民が住んでいるわけですが、京都・新潟は中小軍需工場が密集しており、広島には日本軍の重要な拠点があり、小倉は日本最大級の弾薬工場として重要な働きをしていました。

こういったところを狙ったのは、例によって、民間人虐殺に対しての苦しい言い訳のためでした。

第四章で触れたように、国際法で民間人に対する攻撃は禁止されていましたが、それと同時に、攻撃したことによって明らかな軍事的利益をもたらす施設への攻撃は認められていたのでした。

京都や新潟には軍需工場が密集している！広島は重要な軍事拠点だ！小倉にも弾薬工場がある！だからそこを狙って原爆を落とすんだよ！その攻撃に一般市民が巻き込まれるのは仕方がないよね！我々はあくまで日本の軍事施設を壊したかったんだよ！というような解釈がアメリカ側でなされていたのです。

もちろんアメリカとしても、こんなところに原爆を落とせば多くの民間人が犠牲になることはわかっています。ですがそれと同時に、多くの一般市民が犠牲になることで国民の反戦感情が高まって、戦争終結が近づくこともわかっていたのです。

ですが、ではアメリカのやりたい放題で、こじつけの言い訳で日本の民間人を原爆で虐殺しまくったのか！というと、そうとも言い切れません。

もっというと、逆にアメリカとしてはなるべく日本を傷つけないようにしての戦争終了が望ましい、という思いも持っていたのです。

ここまでさんざん日本と戦ってたくさんの日本人兵士や民間人を殺してきて、何を言うかね……という感じもしますが、ここまで戦い抜き、戦争の終了が見えてきたからこそ、アメリカは日本をこれ以上痛めつけることについて慎重になっているのです。

というのも、アメリカは戦争が終わった後のことを考えていたのです。アメリカとしては、日本をボコボコにして降伏させたいけど、そのあとはアメリカの味方になってほしい、従順なアメリカの仲間になってほしいと考えていたのです。

日本とアメリカがここまで戦ってきた太平洋戦争は、第四章でも触れた通り、世界中の国がアメリカの味方か日本の味方かに分かれて戦っている第二次世界大戦の一幕です。

第二次世界大戦における主要国の対立は、アメリカ、イギリス、ソ連vsドイツ、イタリア、日本という構図になっています。アメリカ、イギリス、ソ連の側の国をまとめて「連合国」と言います。ドイツ、イタリア、日本の側を「枢軸国」と言います。

アメリカで原爆が完成した時点で、先述の通りイタリアとドイツはすでに降伏しており、日本は虫の息ということで、枢軸国は全滅寸前で連合国が勝利目前！という状況ですが、問題は戦争が終わった後です。

連合国はこのときこそ枢軸国を相手にして一つにまとまっているものの、第二次世界大戦に完全に勝利したら、共通の敵である枢軸国がいなくなるので、もう連合国としてまとまっている必要がなくなります。

すると今度は、連合国の間で「枢軸国に勝って得た土地や資源をどう分配するか」という話になります。この話し合いを慎重に行わないと大変なことになります。

「勝った分は、ウチの国が多くもらっていくね！」と主張する国がいると、「おいおい！それはないだろう、うちだって頑張って戦ったんだから、これくらいはもらわないと！」と主張する国が出てきたり、それに対して「お前それはもらいすぎだろ！」という国が出てきたり……といったように収拾が付かなくなって、今度は勝った国同士で揉めてしまうことが考えられるのです。

一緒に勝ったんだし、もう敵はいないんだから仲良くしなよ……という気もしますが、連合国の二大大国アメリカとソ連は枢軸国という共通の敵がいなければ決して手を組まないような犬猿の仲でした。

というのも、アメリカとソ連は、国として重要視する思想が正反対だったのです。アメリカは「資本主義」を、ソ連は「社会主義」を基本理念として国を成立させていました。

アメリカが重要視する資本主義とは、個人がお金を自由に稼いで自由に使い、それによって生まれる自由競争によって経済を発展させていくという考え方です。

対するソ連の社会主義とは、個人でなく国家が国民のお金を管理し、国が計画を立てて経済を統制していくという考え方で、自由競争を進めていく資本主義とは真っ向から対立する考え方です。

アメリカとしては、資本主義を基本理念とする国が多くなればなるほど、そういった国々と協力しやすくなり、国家運営がやりやすくなります。同様にソ連も、世界に社会主義の国が増えれば増えるほど、国として強くなれます。

戦争で勝って得た取り分をどうするかということで勝った国同士で揉めそうになっているわけですが、まさにこの「勝った国が得る取り分」として議題に上がっているのが日本なわけです。

アメリカとソ連が敵対しているという状況において、地理的に日本は非常に重要な位置に存在していました。アメリカとソ連の間に存在している太平洋を押さえる上で、日本は重要な拠点になると考えられていたのです。

仮に日本が降伏後、従順なアメリカ寄りの国になってくれれば、ソ連が太平洋に出ようとするときに日本がすぐに対応し、ソ連の太平洋上での行動を牽制することができます。

アメリカとソ連と日本

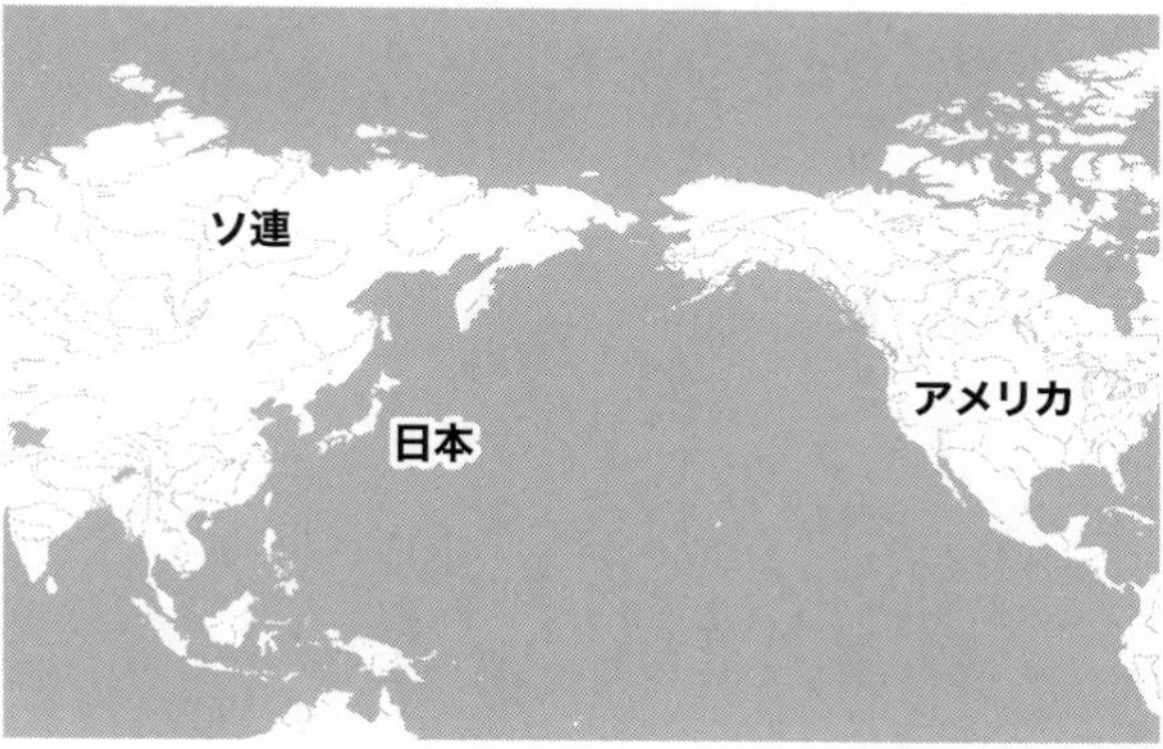

ですが逆に日本がソ連寄りの国になると、ソ連は日本の周りの海を自由に船で移動できるようになります。そうなると、アメリカは万一ソ連と戦争になったときに、まずは太平洋に展開するソ連海軍を倒さなければアジアにたどり着けなくなってしまうのです。日本をアメリカの手中に収めておきさえすれば、太平洋におけるソ連の動きを大きく制限することができるわけです。

そのためアメリカとしては、日本を攻撃して降伏を促したいんだけど、徹底的に痛めつけすぎて、日本人から「アメリカには血も涙もない！アメリカとは仲良くしたくない！」と思われて、アメリカと敵対しているソ連寄りの国になってしまうことは何としても避けたいという思いでした。

こういった事情から、計画当初に原爆投下の候補地であった京都は候補地から外されました。京都にはたくさんのお寺や古い町並みなど、日本人にとって重要な文化財が集中しているため、破壊してしまうと日本人の反感を買いすぎてしまうかもしれないという理由で候補から外されたのです。原爆を落として日本にとにかく大ダメージを与えてやろう！という姿勢ではなく、あくまで慎重に原爆投下の候補地を検討していたことがわかります。

また、こういった日本への配慮だけでなく、原爆投下には日本以外の他の国への思惑もありました。

アメリカが原爆を使用したのは、他の国への威嚇であったとも考えられているのです。世界初の最新兵器である原子爆弾を日本に向けて実際に使うことで、それを見ている他の国々、特にソ連に対してアメリカの軍事力を誇示する狙いがあったのです。

アメリカが世界で最初に原爆を完成させましたよ！いざとなったらアメリカには原子爆弾があるんだからね！と示しておくことで、他の国からは「原爆を落とされたらまずいことになる……アメリカには逆らわないようにしておこう」と思われるわけです。

日本はもう虫の息で、原爆など使わなくても降伏するのは時間の問題か、と思われるような状況でしたが、原爆を実際に使うこと自体に意味があり、そうと決まればいまだに戦争を続けている日本に落とすしかないということだったのです。また、実際に人間がいるところに原爆を落とすと、原爆に関する様々なデータが得られることになります。そのため、他の国への威嚇というのに加えて、とにかく原爆を落として原爆に関するデータが欲しかったのではないかとも考えられています。

日本の本部があるのは、東京です。ですが原爆投下を考えている時点で、すでに東京はかなり大規模に爆撃を受けており、都市部に落とした時の原爆の威力をしっかり計測するのには不向きでした。そのため、東京は原爆投下の候補地から外されていました。

逆に、原爆投下の候補地として選ばれた、京都、新潟、広島、小倉の4都市への爆撃は意図的に避けられていました。それまで攻撃を受けていない都市に原爆を落とすことで、原爆の被害がより明確になるわけです。

しっかりと原爆のデータを取りたいアメリカは、原爆と一緒に、風向や風圧を計測するための観測機を投下していました。原爆投下後も、アメリカ軍は広島や長崎にやってきて、原爆による街の被害や人体への影響などを詳しく調査しており、原爆に関するデータ集めに奔走していました。

アメリカとしては、第二次世界大戦後も世界の覇権を握っていくために原爆開発を推し進めていくという思いです。そのため、最新兵器である原爆の威力や影響を正確に測定して、その後の研究に役立てていくつもりだったのです。

つまりアメリカには、ソ連を始めとした他の国々にアメリカの開発した最新兵器の威力を見せつけておきたい！という狙いや、研究のために原爆のデータを集めておきたい！という意図があり、ただ単に日本との戦争を終わらせるためというよりも、とにかく原爆を使いたかったわけで、ちょうど日本と戦争中だから「なかなか降伏しない日本を降伏させるためです！」という大義名分を掲げることができる！といった具合に意気揚々と原爆を使ったのではないかと考えられているのです。

最終的に原爆投下の候補地は、第一目標を広島、第二目標を小倉、第三目標を長崎とすることで落ち着きました。原爆を搭載した航空機は、安全に飛び立つことはできても、安全に着陸することは難しいので、原爆を抱いて飛んだ以上は日本のどこかに落としてくる必要があったので、天候不順などの場合を考えて、第三候補地まで決められていました。

こうして様々な思惑を背負った原爆投下作戦は、1945年8月6日に実行に移されます。

原爆投下にあたって、まず天候確認用の航空機が先陣を切ります。朝7時頃、広島上空に到着し偵察をした結果、第一目標の広島上空に雲は少なく、地上がよく見えて正確な爆撃が可能であると判断されました。

すると続いて朝8時頃、原爆を積んだ航空機が広島上空にやってきました。これを見て、8時13分には空襲警報が出されたのですが、そのすぐ2分後の8時15

分に原爆が投下されたのです。警報発令から2分後では、まともな避難もできていない市民がほとんどです。一般市民が爆撃に備えて逃げ惑う中、原爆が投下されたのでした。

原爆が爆発すると、一番最初に凄まじい爆風が巻き起こります。原爆による爆発が起こると、原爆の周囲の空気が一気に押し出される形になり、凄まじい爆風を生み出すのです。原爆によって起こる爆風は、もう風というより衝撃波に近いです。一気に広島中の建物をなぎ倒します。原爆による爆風によって、爆心地から半径2㎞以内の木造の建物は、ほぼ全て吹き飛んだような形で全壊し、多くの人がこうした建物の下敷きとなってしまいました。加えて、爆風によって割れた窓ガラスがそのまま爆風に乗って、破片が人々に突き刺さるのです。

そんな恐ろしい爆風と同時に、凄まじい熱が発生します。爆心地の地表面は3000℃を超えるほどの高温になったと推測されています。爆心地から3㎞離れたところにいた人ですら全身にやけどを負い、木材でできた建物は全て黒焦げになりました。

さらに爆心地に近いところではやけどだけでは済まず、体内の水分が蒸発して大きな水ぶくれのようになり、それが破裂することで皮膚が垂れ下がってしまうのです。蒸発によって体から水分が一気に失われるので、こういった人々はとにかく水を飲みたがりました。全身にやけどを負い、体から自分の皮膚を垂らした人たちが、水を求めて川や池に入っていくという地獄のような光景が広がったのです。

加えて、凄まじい熱によって、火事が引き起こされます。先述の通り、爆発による爆風で木造の建物は倒れ、多くの人が下敷きになっています。そんな中、強烈な熱によって建物に火が付くわけです。中に住んでいた人々は建物ごと燃やし尽くされました。

こうして、人類初の原子爆弾の投下は壊滅的なダメージを日本に与えたわけですが、あろうことか日本政府はこの原爆投下を受けても、「降参」をはっきりと表明することはありませんでした。

いまだに日本国内の戦争に対する意見は、軍部、政治家、政府とバラバラで全くまとまっていなかったのです。

もちろん、もう日本はボロボロで勝ち目がないわけだから今すぐ降参した方がいい！という意見もあったのですが、このまま降参したら日本という国は消滅して完全にアメリカのものとなってしまうかもしれない……どうせ日本がなくなるのなら、日本人として日本を守り切りたい！何があっても最後の一人になるまで戦い切った方がいい！という意見や、ちょっとでも戦争を長引かせることで、アメリカ側が日本を占領するときに好条件を提示してくれるかもしれない！といった意見も根強く、日本としての意見はまとまらなかったのです。

そうこうしていると、アメリカはすぐさま次の原爆投下計画を実行します。

アメリカは、8月6日に1発目の原爆を落としてからわずか3日後の8月9日に原爆投下を強行したのです。

この、1発目から3日しか間を空けずに2発目を落とした、というアメリカの行動は今でも疑問視されています。本当に戦争を終わらせることだけが目的なら、原爆投下後に時間を取って、もう一発撃つぞ！と脅しをかけて、日本に考える時間を十分に与えてもいいような気もします。その間に、広島の被害は甚大過ぎる！二度と原爆はごめんだ！と思う国民も増え、反戦感情も高まって、終戦の可能性が大きく高まることは予想できたはずです。

それでも十分な間を空けずにすぐに原爆を落としたのは、先述の通り「原爆を落として他の国にアメリカの力を誇示する」「原爆を落として原爆に関する様々なデータを得る」というアメリカのエゴによるものなのではないのか、という意見もあるのです。

確かに日本は広島に原爆が投下された直後に降伏を表明したわけではないので、「日本が降伏を表明しなかったから、もう一発追加で原爆を落として降伏を促した」という理屈は通るわけですが、とはいえ3日後に原爆投下するって、それは急ぎ過ぎじゃないの？別の思惑があるんじゃないの？と思われても仕方がないような気がします。

今なお様々な疑惑はありますが、とにかくアメリカは広島に次ぐ第二目標、日本最大級の弾薬工場のある福岡県小倉への原爆投下作戦を実行に移しました。

広島の時と同じように、天候確認用の航空機が小倉に行ったのですが、広島の時と違い、この日の小倉はもやに包まれていて地上の様子が確認できない状態でした。

するとアメリカ軍は、原爆投下目標を、小倉に次ぐ第三目標として指定されていた長崎へと変更しました。８月９日の小倉の天気が良ければ、日本の被爆地は広島と長崎ではなく、広島と小倉になっていたのです。

長崎に投下された原爆は広島に落とされたものとは違ったタイプの原爆でした。爆発方法や、燃料となる原子が広島の時のものとは違っていたのです。もちろん違ったタイプの原爆を落とせば、どっちのタイプの原爆の方が優れているのか等々、大量のデータが得られます。アメリカの原爆開発を有利に進めたい、そのためにはデータがほしい、ということで、終戦間際で弱り切っている日本を原爆投下の実験場のように扱っているともいえるかもしれません。

結果として、広島で14万人、長崎で7万人が原爆の犠牲となりました。

壊滅的な被害を受けたわけですが、悲劇は続きます。なんと、長崎に原爆が投下されたのと同じ日に、ソ連がアメリカと交わした密約に従って日本との戦争に参戦にしてきたのです。仲介どころか、日本に攻めてくるという状況になったわけです。

こうして日本はソ連との交渉の可能性を完全に失い、とうとうポツダム宣言の受諾か全滅覚悟の本土決戦かという選択肢しかなくなったわけです。

御前会議

いよいよ決断をせねば！という状況になったわけですが、ここまでまとまらなかった日本国内の意見はそう簡単にはまとまりません。

そんなこと言っても天皇制は絶対残したい！もう降伏するから「天皇制だけは残して！」って交渉するしかない！という意見や、ここで戦争を止めると言っても、現地の軍人たちがすんなり受け入れるはずがない、そうなると、日本政府の言うことを聞かない軍部vs日本政府となって、日本国内での分裂は避けられない！という意見があったり、また軍部の中には、あくまでも本土決戦だ！そこでアメリカ軍にダメージを与えたうえで、少しでも日本に有利な条件を引き出そう！という「一撃講和論」も根強く残っていました。軍部としては、最後に一矢報いて少しでも有利な条件を引き出すことができれば、戦争が終わった後に「やっぱり最後まで軍が頑張ったから今の日本があるよね！」という雰囲気になり、戦後の政治においても軍部の存在感を発揮することができると考えたのです。

ですが、「そんなことを言っても、もう日本本土には戦争に必要な物資も兵士もほとんど残っていない！本土決戦など行っても民間人も含めた更なる犠牲者が出るだけだ！譲歩を引き出すような一撃なんてもう無理だから！」という意見も軍部から出たりして、全くまとまりません。

最終的にどうなったかというと、多数決になったのです。

日本政府から総理大臣と外務大臣が、加えて軍部から陸軍と海軍のトップクラス2名ずつを呼んで6人で多数決が取られました。この会議は天皇のいる前で行われたので、天皇の御前で行われた会議ということで「御前会議」と呼ばれます。

ポツダム宣言についての多数決は、総理大臣と外務大臣、海軍のトップクラスの3人が、「天皇の存在を残すことのみを条件に降伏」を表明し、残りの海軍1人と陸軍2人の3人が、「天皇を残すことに加えて、さらに戦後の占領範囲の縮小、その他の軍に関する権利も完全にはアメリカに渡さない等の条件を足して、この条件が呑まれなければ本土決戦」という意見で、3対3で真っ二つに割れてしまいました。

ここで天皇が最終判断を下します。意見を求められた天皇は「私は外務大臣の意見に賛成する」と言い、決着がつきました。「天皇という存在を残してもらうことのみを条件に降伏」という方向で固まったのです。

こうして1945年7月26日に出されたポツダム宣言は、出されてから3週間ほど経った8月14日の朝にようやく日本に受諾され「もう戦争を止めます」という声明が日本から発表されたのです。

玉音放送

会議の後に天皇が「自分の思いを国民へ直接伝えたい」と言ったため、こうして何とか決まった結論は、ラジオ放送を通して天皇から直々に国民へと伝えられました。このラジオ放送を玉音放送といいます。天皇を敬って天皇の肉声を「玉音」というので、まさに「天皇が直接話す放送」ということで「玉音放送」というのです。この放送が8月15日に行われたので、日本では8月15日が終戦の日とされています。

ですが実はこの玉音放送は、天皇が8月15日にラジオブースに行って、生放送で行ったわけではありません。前日の14日に収録されており、録音したレコードが15日に流されたのです。

これが大きな問題の引き金になりかけました。なんと、最後まで敗戦を受け入れられなかった軍人によって、録音したレコードを盗み出して降伏をなかったことにしようとする事件が発生したのです。

日本がポツダム宣言を受諾すると決めてもなお、まだまだ戦争継続を訴える軍人は後を絶たなかったのです。負けを認めてしまえば今まで命をかけて戦ってきたことが全て無駄になってしまう、今まで一緒に戦って戦死していった仲間が報われない、等々、現場の軍人にしかわからない複雑な思いがあったのかもしれません。

結局これらを始めとしたクーデターは陸軍大臣らによって押しとどめられました。陸軍大臣が直々に「天皇がお決めになった以上、それに逆らうことは、私が生きているうちは決して許さん」と説得し、大事になる前に収まりました。

こうして、天皇の肉声が録音されたレコードは8月15日に無事に放送されたのです。

玉音放送は、「そもそも日本がアメリカと戦争を行ったのは、日本がもっと繁栄し、もっと豊かになるためでしたが、だからといって他の国に侵略したり、他の国の土地を奪ったりするのは、私の望むところではありませんでした」という戦争に対する弁明から始まり、「このまま戦争を続けていると、原爆が落とされたように、罪のない人々が殺され続けることになります。そして、日本という国家の存続すら危うくなってしまいます。そうなってしまったら、私は日本を維持してきた歴代天皇に顔向けできません。そのためポツダム宣言を受諾し、戦争を止めるよう日本政府に働きかけたのです」と戦争を止めるに至った経緯が話されました。

そして、「軍人はもちろん、日本本土の一般市民たちも本当に良く頑張りました。これから正直アメリカに何をされるのかはわかりません。どれだけキツイことが待っているのかもわかりません。でもパニックになって、日本人同士でいがみ合ったりとかするのは何よりも最悪です。国民全員が一丸となって、家族のように、日本の存続を信じ、将来日本が再び栄光を掴むことができるよう、世界の動きに遅れないように準備してください。そういった姿を見せてくれることを私は望んでいます」と、日本国民へのねぎらいと、未来への希望を捨てないようにという呼びかけで締めくくられています。

え……天皇は最初戦争を継続させようとしていたよね？それなのに「他の国に侵略したり、他の国の土地を奪ったりするのは、私の望むところではありませんでした」とか、都合よすぎない？「アメリカに何をされるかわからないけどパニックになってはいけません！」って、そもそもアメリカに何をされるかわからないってところまで追い詰められたのは、天皇が早く戦争を止めさせなかったからじゃないのかよ！などなど気になるところはありますが、これは、終戦に至るまでの経緯を詳しくわかっている現在の私たちの視点です。

どの戦地で勝った、負けた等のおおざっぱな情報は、当時の一般市民も新聞やラジオから得ていましたが、この本で書いたような軍部や天皇の事情などは、当時の一般大衆には共有されていなかったわけです。

この本に書かれているような内部事情が明らかになったのはごく最近のことです。太平洋戦争が終わって70年ほど経って、その時に活躍していた人々が亡くなり、自分や他人のために隠していた手記がどんどん出てきて、ようやく終戦をめぐる詳しいやり取りが明らかになってきているのです。

そのため、玉音放送が当時の国民の感情を逆なでするようなことはなく、玉音放送の後に一般人による大きなクーデターや暴動などは起きませんでした。それだけ日本国民は衰弱し、負けを受け入れるのが精いっぱいという状況だったともいえます。こうして、ようやく一般市民も日本の敗戦を受け入れ、長い長い戦争が終結するに至ったのです。

戦争は、一旦始まってしまえば簡単には終わりません。

戦争が起こっていることによって得をする組織、まだまだ日本は行ける！と言い出してくる人々、負けるにしてもちょっとでもいい条件で負けるようにしたい！そのためにはまだ戦う必要がある！と言ってくる人々、止めるために仲介してほしくても頼む国がない、といった様々な要因が重なって、止めたいと思ったときにすぐ止められるようなものではないです。

そうしてグズグズやめられない状態が続くと、相手からの爆撃によって日本は焼け野原になり、原爆を落とされ、何の罪もない多くの一般市民が犠牲になってしまうわけです。

そのため、戦争が起こる前に、戦争はどのようにして起こるのか私たち一人一人がよく理解し、戦争を起こしそうになっている国や出来事があったら勇気をもって公然と非難し、戦争をまず起こさないようにすることが、平和な世界を維持するために何よりも大切なのです。

おわりに

この本を書いた私の職業はユーチューバーです。ユーチューブ（YouTube）というウェブサイトに動画を投稿する仕事をしています。時代が進んで、もうこんな説明は不要になってきたかもしれませんね。

美男美女、お笑い芸人にモデル、アイドル、著名人、魑魅魍魎が活躍するユーチューブで何者でもない私は、歴史や政治、戦争に関する解説動画を上げ続けています。

この本を書くことになったのも、「教養として学んでおきたい」シリーズの編集者様が私の動画の視聴者で、「是非動画のような語り口で『太平洋戦争』をわかりやすく解説してほしい！」とのオファーをくださったことが始まりです。

ただユーチューブに動画を上げていただけなのに、そのご縁で出版のお話をいただいて、自分の名前を冠した本が出る。不思議な気持ちでした。学者でも何者でもないユーチューバーにこのような機会を提供してくださって大変感謝しております。

この本は、私が以前から公開していたユーチューブの動画をベースに作られています。

私は、自分の動画では原稿を音読しております。これは、音読に耐えられるくらいの表現をして、誰かに語りかけることのできる範囲の言葉で解説をすることを心がけているためです。

どんな出来事でも本質を理解していれば、親しい友人に話しかけるように簡単な言葉で、昨日あった出来事を話すかのように説明することが可能だと思っております。その基本姿勢を崩さずに、この本では動画よりさらにわかりやすくするために、豆知識的なところや細かいところを極限まで削って、一冊を通して太平洋戦争の大きな流れを理解していただけるように作成しました。

なので言ってみれば、この一冊は「入り口」なのです。

太平洋戦争の大きな流れを掴んだ上で、その一つ一つの戦局やトピックについては、私のユーチューブチャンネル「大人の教養TV」を見ていただけたらと思います。

私のユーチューブチャンネルでは、実際にガダルカナル島を戦い抜いた旧日本兵の方へのインタビューや、原爆で被害を受けた広島、長崎への現地リポート動画などもあります。こういった動画には、文字ではなく、生の音や映像でしか表現できないものを詰め込んだつもりです。この本で太平洋戦争のことを学ばれた皆さんの更なる知的好奇心を満たすにはピッタリの動画になっておりますので、とってもオススメです！是非ユーチューブチャンネル「大人の教養TV」を覗いてみてください。

この本や「大人の教養TV」をきっかけに、戦争と平和について考える方が一人でも増えてくれれば幸いです。今を生きる私たちは、過去に起きた戦争を反省して未来に生かす立場であるという自覚を持って生きていくことが大切だと思います。戦争を起こすのは人間です。ですがそれと同時に、戦争を起こさないようにするのも人間だからです。
戦争について興味を持ち、理解をし、反省をし、未来に生かす。そのお手伝いができれば私のこれ以上の喜びはありません。

ドントテルミー荒井

太平洋戦争年表

1931年（昭和6年）	9月18日	柳条湖事件。満州事変勃発。日本軍が満州を占領。
1932年（昭和7年）	3月1日	満洲国が建国される。
1933年（昭和8年）	3月27日	日本が国際連盟を脱退。
1937年（昭和12年）	7月7日	盧溝橋事件。支那事変へと拡大し、いわゆる「日中戦争」が始まる。
	8月	日本軍が南京を攻略開始。
	8月13日	第二次上海事変。日中戦争の戦火が中国南部にまで拡大。
	12月13日	日本軍、南京占領。
1938年（昭和13年）	4月1日	国家総動員法公布。戦時体制へと入り、国家を挙げて戦争を行う体制が整う。
	11月3日	近衛内閣、「東亜新秩序」建設声明。後の「大東亜共栄圏」の前身となったといわれる。
1939年（昭和14年）	5月11日	ノモンハン事件。モンゴルと満洲国の国境を巡って、日ソが衝突。
	7月26日	アメリカ、日米通商航海条約破棄。日米の貿易が保証されない状態になる。

1940年（昭和15年）	9月23日	日本軍、北部仏印（フランス領インドシナ）進駐。
1941年（昭和16年）	1月8日	日本全軍に、戦陣訓示達。「降伏するのは恥である」という思想の一因となる。
	4月13日	日ソ中立条約調印。ソ連と互いに戦わないことを確認。
	7月25日	アメリカ、在米の日本資産を凍結。
	7月28日	南部仏印進駐。東南アジアへの進出とみなされ、アメリカが激怒。
	8月1日	アメリカ、日本などへの石油の輸出を全面禁止。
	11月26日	アメリカ、ハル・ノートを提示。日本はこれを最後通牒と受けとる。
	12月8日	マレー作戦の開始。マレー半島に日本軍が上陸。 日本、ハワイの真珠湾などを攻撃。 日本、アメリカ・イギリスなどに宣戦布告。「太平洋戦争」が正式に開戦。 開戦の詔書（米國及英國ニ對スル宣戰ノ詔書）が発せられる。

	アメリカ・イギリスも対日宣戦布告。フィリピンの戦いの開始。米領フィリピン上空での航空戦開始。
1942年（昭和17年）	
1月23日	日本軍、ニューブリテン島ラバウル占領。ソロモン諸島方面の要となる。
2月14日	蘭領東インド（現インドネシア）スマトラ島パレンバンを日本が占領。
2月15日	シンガポールの英豪軍が降伏。マレー半島やマラッカ海峡を日本が制圧する。
3月	フィリピンで抗日人民軍（フク団）結成。日本軍を悩ませるゲリラに。
4月5日～9日	日本軍、セイロン（現スリランカ）英軍基地を空襲。セイロン沖海戦。
4月18日	ドーリットル空襲。東京が初めて空襲される。
5月3日	日本軍、ソロモン諸島ツラギ島占領。日本のソロモン諸島方面での戦いが本格化。
5月4日	日本軍のフィリピンを除く、東南アジア方面の占領が完了。

5月7日〜8日	珊瑚海海戦。日本軍のニューギニア南部への進出が阻止される。
6月5日〜7日	ミッドウェー海戦。日本海軍が空母4隻を失う大敗。
6月7日〜8日	日本軍、アリューシャン列島キスカ島・アッツ島に上陸、占領。
7月	日本軍、フィリピン全土占領。
8月7日	アメリカ軍、ソロモン諸島ガダルカナル島（以下ガ島）上陸。ガ島攻防戦が始まる。
8月8日	第一次ソロモン海戦。日本が勝利するも、ガ島の状況は改善せず。
8月24日	第二次ソロモン海戦。
10月13日	日本軍の戦艦によるガ島アメリカ軍基地への艦砲射撃が行われる。
10月26日	南太平洋海戦。アメリカ軍の稼働空母が0隻になる。

11月12日～15日	第三次ソロモン海戦。日本はこれ以降ガ島に有効な戦術を取れなくなる。
1943年（昭和18年）	
2月1日～7日	日本軍、ガ島撤退。奇跡的な大成功を収める。
3月2日～3日	ビスマルク海海戦。アメリカ軍の空襲によって多くの日本輸送船が沈められる。
4月7日～16日	い号作戦。航空機をソロモン諸島方面に投入するも、大きな戦果は挙げられず。
4月18日	真珠湾攻撃を主導した山本五十六が、ブーゲンビル島上空で戦死。
5月12日	アメリカ軍、アッツ島上陸。日本軍が全滅し、初めて「玉砕」と報道される。
6月	日本、学徒戦時動員体制の発表。
7月29日	日本軍キスカ島撤退。成功するもアリューシャン列島はアメリカ軍に明け渡す。

9月30日	日本が絶対国防圏を設定。本土空襲を避けるための最終防衛線が決められる。
11月21日	アメリカ軍、マキン島・タラワ島上陸。日本軍は「玉砕」する。
1944年（昭和19年）	
2月17日	アメリカ軍、トラック島空襲。日本海軍の主力がトラック島から撤退。
3月8日	日本軍、インパール作戦開始。無謀な作戦で日本軍に多くの被害を出した。
6月15日	アメリカ軍、サイパン島上陸。
6月19日	マリアナ沖海戦。日本の敗北によって、サイパン島の日本軍が孤立し「玉砕」する。
7月4日	日本軍、インパール作戦を中止。
7月18日	東條英機内閣総辞職。
8月3日	テニアン島の日本軍「玉砕」。
8月11日	グアム島の日本軍「玉砕」。
9月15日	アメリカ軍、ペリリュー島上陸。日本軍の粘りによって激戦となる。

	10月12日～16日	台湾沖航空戦。日本軍が大きな戦果を挙げたと誤認する。
	10月20日	アメリカ軍、フィリピン・レイテ島に上陸。
	10月23日～25日	レイテ沖海戦。日本海軍が敗北し、まともに戦える戦力を失う。
		航空機による体当たり作戦が初めて行われる。
	11月24日	アメリカ軍の新型爆撃機B－29、マリアナ諸島より東京を初空襲。
1945年（昭和20年）	1月9日～8月15日	ルソン島の戦い
	1月16日	京都空襲
	2月4日～11日	アメリカ・イギリス・ソ連の首脳がクリミア半島・ヤルタで会談。
		ソ連の対日参戦がひそかに約束される。
	2月19日～3月26日	硫黄島の戦い。激戦の象徴となるほどの戦いとなる。

3月3日	米軍、マニラ占領。日本はフィリピンでの主導権を失う。
3月10日	東京大空襲。
3月12日	名古屋大空襲。
3月13日～14日	大阪大空襲。
3月17日	神戸大空襲。
3月19日	名古屋大空襲。
4月1日～6月23日	沖縄戦。住民を巻き込んだ地上戦となる。
4月5日	ソ連、日本に対して翌年期限切れとなる日ソ中立条約を延長しないと通達。
4月12日	アメリカ大統領のルーズベルト急逝、後任に副大統領トルーマンが就任。
7月25日	アメリカ、原子爆弾使用を決定し投下命令を下す。
7月26日	ドイツのポツダムでポツダム宣言を発表。日本政府は、これを黙殺。

8月6日	アメリカ軍、広島に史上初の原爆を投下。
8月8日	ソ連が日ソ中立条約を一方的に破棄し、対日宣戦布告、満洲国と朝鮮半島に侵攻。
8月9日	アメリカ軍、長崎に原爆投下。 日本首脳がポツダム宣言の受諾を決める。
8月10日	日本、連合国にポツダム宣言受諾を打電により通告。
8月14日	終戦の詔が出される。ポツダム宣言受諾が全世界に通告。
8月15日	玉音放送。終戦の詔がラジオで発信。南方の日本軍の一部が反発し戦闘続行。
8月16日	ソ連軍、南樺太に侵攻開始。日本軍、停戦命令を出す。
8月18日	ソ連軍、ポツダム宣言受諾後にもかかわらず千島列島の占守島に侵攻。 現地の日本軍が抵抗し、占守島の戦いとなる。
8月28日	ソ連軍、択捉島を占領。

	アメリカ軍第1陣150人が横浜に上陸。
8月29日	ソ連軍、千島列島のウルップ島を占領。
8月30日	連合国軍最高司令官マッカーサー、厚木飛行場に到着。
9月1日	ソ連軍、国後島・色丹島を占領。
9月2日	日本の降伏文書調印が交わされ、戦争が法的に終結。
9月3日	ソ連・中国にとっての対日勝利の日。ルソン島の日本軍降伏。
9月5日	ソ連軍、北方四島を占領。アメリカ軍の展開によってここで足を止める。

※年表の日付について一部に諸説ありますが、巻末資料を参考に筆者が作成しました。

参考文献

『戦史叢書』防衛庁防衛研修所戦史室
『ドキュメント　太平洋戦争全史』亀井宏／講談社／２００９年7月
『図説　太平洋戦争』太平洋戦争研究会／１９９７年8月
『歴史群像』学研パブリッシング
『人物叢書　山本五十六』田中宏巳／吉川弘文館／２０１０年6月
『海軍航空隊始末記』源田実／文藝春秋／１９９６年12月
『戦藻録―宇垣纏日記』宇垣纏／原書房／１９９６年5月
『零戦　その誕生と栄光の記録』堀越二郎／角川書店／２０１２年12月
『零式艦上戦闘機』清水政彦／新潮社／２００９年8月
『海戦史に学ぶ』野村実／文藝春秋／１９９４年2月
『昭和の名将と愚将』半藤一利　保阪正康／文藝春秋／２００８年2月

『玉砕の島々』平塚柾緒／洋泉社／2015年1月
『レイテ沖海戦　上・下』吉田俊雄　半藤一利／朝日ソノラマ／1984年6月
『硫黄島玉砕戦　生還者たちが語る真実』NHK取材班／日本放送出版協会／2007年7月
『本土空襲全記録』NHKスペシャル取材班／KADOKAWA／2018年8月
『日本大空爆　米軍戦略爆撃の全貌』松本泉／さくら舎／2019年12月
『ヤルタ会談　世界の分割　戦後体制を決めた8日間の記録』アルチュール・コント著　山口俊章訳／二玄社／2009年3月
『原爆投下決断の内幕』ガー・アルペロピッツ／ほるぷ出版／1995年7月
『日本降伏：迷走する戦争指導の果てに』纐纈厚／日本評論社／2013年12月
『私の日中戦争和平工作史』甲野洋／幻冬舎／2019年4月

●著者プロフィール

ドントテルミー荒井（どんとてるみー・あらい）

チャンネル登録者22万人越えYouTubeチャンネル「大人の教養TV」講師。東京大学大学院を中退後、世界の諸問題をわかりやすく伝える解説系YouTuberに。現在まで100本以上の動画を公開し、日本や世界の歴史、世界情勢や時事問題、宗教や政治まで幅広く解説。圧倒的なわかりやすさで人気を博し、チャンネル開設からわずか1年程で登録者10万人を達成。

マイナビ新書

教養として学んでおきたい太平洋戦争

2022年7月31日　初版第1刷発行

著　者　ドントテルミー荒井
発行者　滝口直樹
発行所　株式会社マイナビ出版
〒101-0003　東京都千代田区一ツ橋2-6-3　一ツ橋ビル2F
TEL 0480-38-6872（注文専用ダイヤル）
TEL 03-3556-2731（販売部）
TEL 03-3556-2735（編集部）
E-Mail pc-books@mynavi.jp（質問用）
URL https://book.mynavi.jp/

装幀　小口翔平＋須貝美咲（tobufune）
DTP　富宗治
印刷・製本　中央精版印刷株式会社